Technik/Werken 5/6

Erarbeitet von
Olaf Czech, Matthias Künzel, Heidi Traue

Beratung: Dieter Mette

Oldenbourg

Inhalt

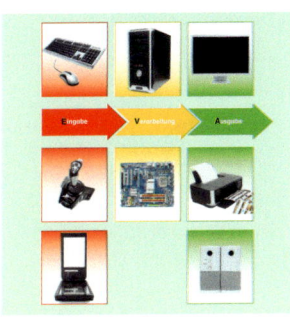

Der Kompetenzschrank zeigt dir, welche Kompetenzen du in diesem Kapitel erwirbst.

Du lernst:	Technik verstehen
Technik herstellen	Technik nutzen
Technik bewerten	Ideen austauschen

Kompetenzschrank mit allen Schubladen geöffnet

Träume der Menschheit

1 Der Technik-Fachraum

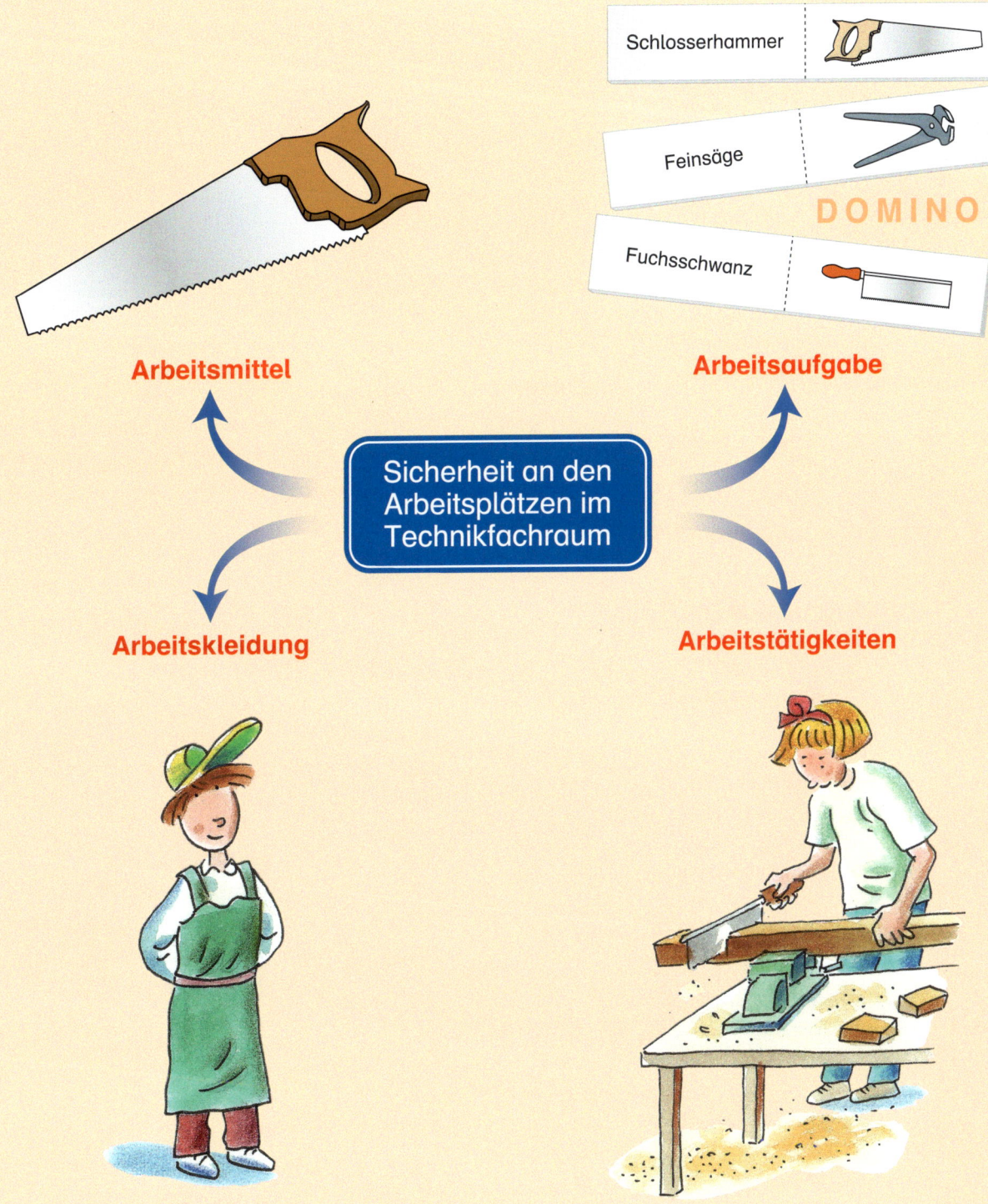

Schlosserhammer

Feinsäge

Fuchsschwanz

D O M I N O

Arbeitsmittel

Arbeitsaufgabe

Sicherheit an den Arbeitsplätzen im Technikfachraum

Arbeitskleidung

Arbeitstätigkeiten

Arbeitsplätze in einer Werkstatt

Du lernst:	Technik verstehen
⬭	Technik nutzen
⬭	⬭

Ordnung und Sicherheit am Arbeitsplatz

Arbeitsmittel

Der Technikunterricht findet in Fachräumen statt. Die Technik-Fachräume unterscheiden sich von anderen Klassenräumen durch ihre besondere Ausstattung mit Werkzeugen, Maschinen oder auch Computern. Eine solche Einrichtung kostet viel Geld. Betritt also die Fachräume nur in Begleitung des Lehrers oder der Lehrerin. Damit kein Schaden entsteht, ist es besonders wichtig, dass du dich diszipliniert verhältst. Zu Beginn des Unterrichts wird dir ein Arbeitsplatz zugewiesen. Hier findest du einen Schraubstock und wichtige Werkzeuge vor. Kontrolliere am Anfang der Unterrichtsstunde, ob die Werkzeuge an deinem Arbeitsplatz vollständig sind und ihr Zustand in Ordnung ist. Melde dem Lehrer, wenn etwas fehlt oder kaputt ist.

Lege während der Arbeit die von dir benutzten Werkzeuge immer geordnet ab, damit sie nicht beschädigt werden. Achte besonders darauf, dass sie nicht über die Werkbank ragen, denn dann können sie herunterfallen und dich und andere verletzen. Vielleicht gibt es in deinem Technik-Fachraum eine Werkzeugwand, Kästen oder Schränke mit weiteren Werkzeugen. Frage immer um Erlaubnis, bevor du etwas benutzt. Während der Arbeit in den Fachräumen darfst du deinen Arbeitsplatz nur verlassen, wenn die Arbeitsaufgabe das erfordert.

Hinterlasse deinen Arbeitsplatz am Ende des Unterrichts so, wie du ihn vorfinden möchtest. Denke daran, dass auch andere Schülerinnen und Schüler hier arbeiten. Im Technikunterricht muss wie in einem Betrieb bei Schichtwechsel alles in einwandfreiem Zustand übergeben werden. Das gilt natürlich auch, wenn der Technikunterricht im Computerraum stattfindet.

Im Technikfachraum wirst du einige Maschinen entdecken. Sie zu benutzen, ohne sich richtig auszukennen, kann gefährlich sein.

Schalte eine Maschine erst nach ausführlicher Einweisung und Erlaubnis durch die Lehrkraft ein.

Dein persönliches Werkzeug

Zweckmäßige Arbeitskleidung

Wenn du am Computer arbeitest, darfst du nur die Programme benutzen, die dir deine Lehrerin vorgegeben hat. Löse die Aufgaben, die dir gestellt wurden. Ordner oder Dateien anderer Schüler darfst du nicht öffnen.

> Werkzeuge, Maschinen und Computer nennt man Arbeitsmittel. Sie sind teuer. Gehe deshalb sorgsam damit um.

Die richtige Arbeitskleidung

In einer Werkstatt ist es nie ganz sauber, auch wenn alle Schülerinnen und Schüler stets auf Ordnung achten und ihre Arbeitsplätze gewissenhaft reinigen. Denn bei der Arbeit mit Werkzeugen und Maschinen entstehen Späne und Schmutz. Deshalb brauchst du zweckmäßige Arbeitskleidung: Eine Schürze schützt deine Kleidung vor Verschmutzungen. Achte auch darauf, dass deine Arbeitskleidung eng anliegt und Schürzenbänder oder Jackenärmel nirgends hängen bleiben oder in Maschinen geraten können. Aus dem gleichen Grund musst du vor der Arbeit auch Schal, Uhr und Schmuck ablegen.
Außerdem sind feste Schuhe wichtig, da sie vor Verletzungen durch herunterfallende Werkzeuge oder Werkstücke schützen.
Bei manchen Arbeiten, z. B. beim Bohren, musst

du eine Schutzbrille und eine Kopfbedeckung tragen. An der Handhebelschere ist sogar ein Schutzhelm nötig. Wenn du scharfkantige Materialien anfasst, sind Arbeitshandschuhe wichtig. Damit niemand über Rucksäcke oder Schultaschen stolpern kann, werden sie während des Technikunterrichts in einem Regal oder an einem anderen sicheren Ort aufbewahrt. Deine Jacke hängst du am besten in die Garderobe, damit sie nicht schmutzig wird.

> Zweckmäßige Arbeitskleidung schützt vor Schmutz und Verletzungen.

Die Arbeitsaufgabe

Im Technikunterricht arbeitest du mit einer Reihe von Werkzeugen. Es ist wichtig zu wissen, wie sie genau heißen. Deshalb könnte deine erste Arbeitsaufgabe die Herstellung eines Dominospiels sein, auf dem die Werkzeuge und die richtigen Bezeichnungen abgebildet sind. Die Anleitung für die Herstellungen des Dominos steht auf Seite 11. Da weder dein Werkstück noch die Werkstücke anderer Schüler an einem Tag fertig gestellt werden können, müssen sie im Fachraum gelagert werden. Alle anderen erwarten genauso wie du, dass ihr Werkstück während dieser Zeit nicht beschädigt wird.

Arbeitsplätze zur Bearbeitung von Werkstoffen

Schülerin beim Sägen

Arbeitstätigkeiten

Egal, welches Werkstück du herstellst, du wirst dazu immer Werkzeuge oder sogar Maschinen brauchen. Welche das sind, hängt vom Zweck, von der Größe, von der Form und ganz besonders vom Werkstoff deines Werkstückes ab.

> Bei der Herstellung von Werkstücken sind mehrere Arbeitstätigkeiten nötig. Hierbei müssen Sicherheitsregeln beachtet werden.

Benutze die Werkzeuge erst, nachdem ihre Handhabung erklärt wurde. Setze sie nur für den Arbeitsgang ein, für den sie bestimmt sind. Geht ein Werkzeug kaputt, darfst du es nicht weiterverwenden. Es muss aussortiert werden, damit sich niemand verletzt.

Sollest du dich trotz aller Vorsicht verletzen, melde das sofort der Lehrerin, da die Verletzung verbunden werden muss. Wenn Schmutz in die Wunde kommt, kann das schlimme Folgen haben. Informiere dich, wo in eurer Werkstatt der Verbandsschrank hängt. Ein Unfall muss darüber hinaus in das Unfallbuch eingetragen werden, damit der Versicherungsschutz gewährleistet ist. Um Unfälle zu vermeiden, ist es außerdem wichtig, dass du langsam durch die Werkstatt gehst,

wenn du deinen Arbeitsplatz wechseln musst. Achte dabei darauf, dass du deine Mitschüler nicht anstößt und nicht fällst. Nimmst du Werkzeuge mit zu einem anderen Arbeitsplatz, halte sie stets nach unten, damit du niemanden mit scharfen Schneiden verletzen kannst.

Beim Sägen, Schleifen, Raspeln, Feilen, Stemmen oder Bohren entstehen Späne. Entferne sie immer mit einem Handfeger, Pinsel oder Staubsauger. Wenn du sie wegpustest, können sie in die Augen eines Mitschülers fliegen, wischst du sie mit den Händen weg, kannst du dir Splitter einziehen.

> Vermeide Unfälle durch sicherheitsbewusstes Arbeiten.

Auch wenn du dir beim Saubermachen große Mühe gegeben hast, können trotzdem noch Späne oder anderer Schmutz herumliegen. Deshalb darfst du in Technikfachräumen weder essen noch trinken. Außerdem könnte es passieren, dass du deine Getränkeflasche mit Lösungsmitteln oder Farben verwechselst. An Computerarbeitsplätzen können verschüttete Flüssigkeiten oder Fett Schäden an der Technik verursachen. Für manche Arbeitsschritte nutzt du auch Maschinen, die mit elektrischer Energie angetrieben

Warnzeichen

Warnung vor
einer Gefahrenstelle

Warnung vor gesundheits-
schädlichen oder reizenden
Stoffen

Warnung vor gefährlicher
elektrischer Spannung

Verbotszeichen

Mäntel, Jacken und Taschen
stören im Werkraum

Keine Chemiekalien
in den Ausguss!

Gebotszeichen

Rettungszeichen

Not-Aus-Taster

Hinweis auf Gefahrenzonen

Erste-Hilfe-Schrank

---

werden. Der Umgang mit ihnen erfordert besondere Vorsicht. Überlasse das Einspannen von Werkzeugen dem Lehrer. Lass dich nicht ablenken, während du an der Maschine arbeitest.
Für Notfälle gibt es in der Werkstatt einen Not-Aus-Taster. Informiere dich, wo er sich befindet, damit du ihn bei Gefahr betätigen kannst. Der Not-Aus-Taster unterbricht die Zufuhr der elektrischen Energie, die Maschine bleibt stehen.

> Drückst du den Not-Aus-Taster ohne Grund, ist das Missbrauch.

Sicherheitszeichen

Bestimmt hast du schon bemerkt, dass in unserem Technikraum verschiedene Zeichen angebracht sind. Die Abbildung oben zeigt dir die Einteilung. Warnzeichen weisen dich auf besondere Gefahren hin. Verbotszeichen machen deutlich, was nicht erlaubt ist. Gebotszeichen zeigen dir, was du tun musst, um dich zu schützen, und Rettungszeichen kennzeichnen beispielsweise Verbandsschrank und Fluchtwege. An den Farbunterschieden kannst du die Zeichen gut erkennen. Beachte die Sicherheitszeichen. Sie dienen dazu, Arbeitsunfälle zu vermeiden und deine Gesundheit zu erhalten.

1 # Vorschriften für Ordnung und Sicherheit in den Technik-Fachräumen

Werkstatt-Ordnung

1. Wir betreten die Werkstatt nur in Begleitung der Lehrkraft.
2. Wir laufen in der Werkstatt nicht unnötig umher.
3. Wir tragen arbeitsschutzgerechte Kleidung.
4. Wir essen und trinken in der Werkstatt nicht.
5. Wir kontrollieren unsere Werkzeuge sorgfältig und melden jede Beschädigung.
6. Wir legen Werkzeuge und Materialien sicher und geordnet ab.
7. Wir bedienen Maschinen nur nach Einweisung.
8. Wir beachten die Sicherheitskennzeichen.
9. Wir wissen, wo sich Verbandsschrank und Not-Aus-Taster befinden.
10. Wir reinigen unseren Arbeitsplatz gründlich.

Computerraum-Ordnung

1. Wir betreten den Computerraum nur in Begleitung der Lehrkraft.
2. Wir schalten unsere Handys aus.
3. Wir essen und trinken im Computerraum nicht.
4. Wir nutzen nur die von der Lehrkraft benannten Programme.
5. Wir arbeiten nur an den gestellten Aufgaben.
6. Wir öffnen keine fremden Ordner oder Dateien.
7. Wir laden keine verbotenen Inhalte aus dem Internet herunter.
8. Wir verlassen unseren Computerarbeitsplatz ordnungsgemäß.

Verletzung verbinden …

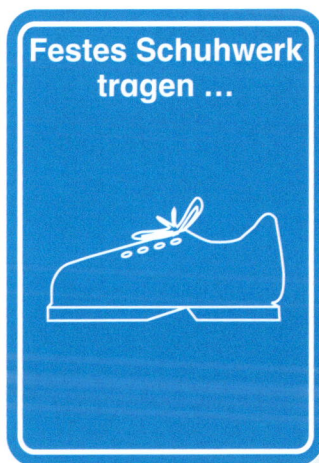

Festes Schuhwerk tragen …

Lege vor der Arbeit Schmuck und Schal ab …

… damit kein Schmutz in die Wunde kommt!

… damit man sich nicht verletzt!

… damit du nirgends hängen bleibst und dich verletzt!

Beispiele für Kartenpaare

Unser eigenes Lernspiel

André berichtet von einem Gedächtnis-Spiel, das er in der Grundschule gern gespielt hat. Die Klasse beschließt, zum Thema Sicherheit und Arbeitsschutz im Technikfachraum selbst ein solches Spiel zu gestalten. Dazu nutzen sie den Computer. Alle einigen sich auf die Größe der Spielkarten. Nachdem die Schülerinnen und Schüler in einem Text- oder Grafikprogramm zwei gleich große Rechtecke gezeichnet haben, wählt jeder aus dem Text auf den Seiten 6–10 einen Schwerpunkt aus und gestaltet dazu Karten entsprechend der Abbildung oben. Ein Kartenpaar besteht aus einer Verhaltensregel und ihrer Begründung.

1 Gestalte ein Deckblatt für deinen Hefter. Zeichne dazu technische Geräte, die dir im täglichen Leben besonders wichtig sind.

2 Schreibe wichtige Sicherheitsvorschriften zum Verhalten im Technik-Fachraum in deinen Hefter.

3 Die Abbildung auf Seite 9 zeigt Sicherheitskennzeichen. Skizziere weitere, die in der Schule angebracht sind, und informiere dich über ihre Bedeutung.

4 Gestaltet euer eigenes Gedächtnis-Spiel zum Thema Sicherheit und Arbeitsschutz im Technikfachraum.

1 Wir gestalten ein Werkzeug-Domino

Ihr könnt zeichnen oder am Computer arbeiten.
Ihr braucht eine Tabelle mit zwei Spalten und fünf Zeilen (oder mehr für mehr Dominosteine).

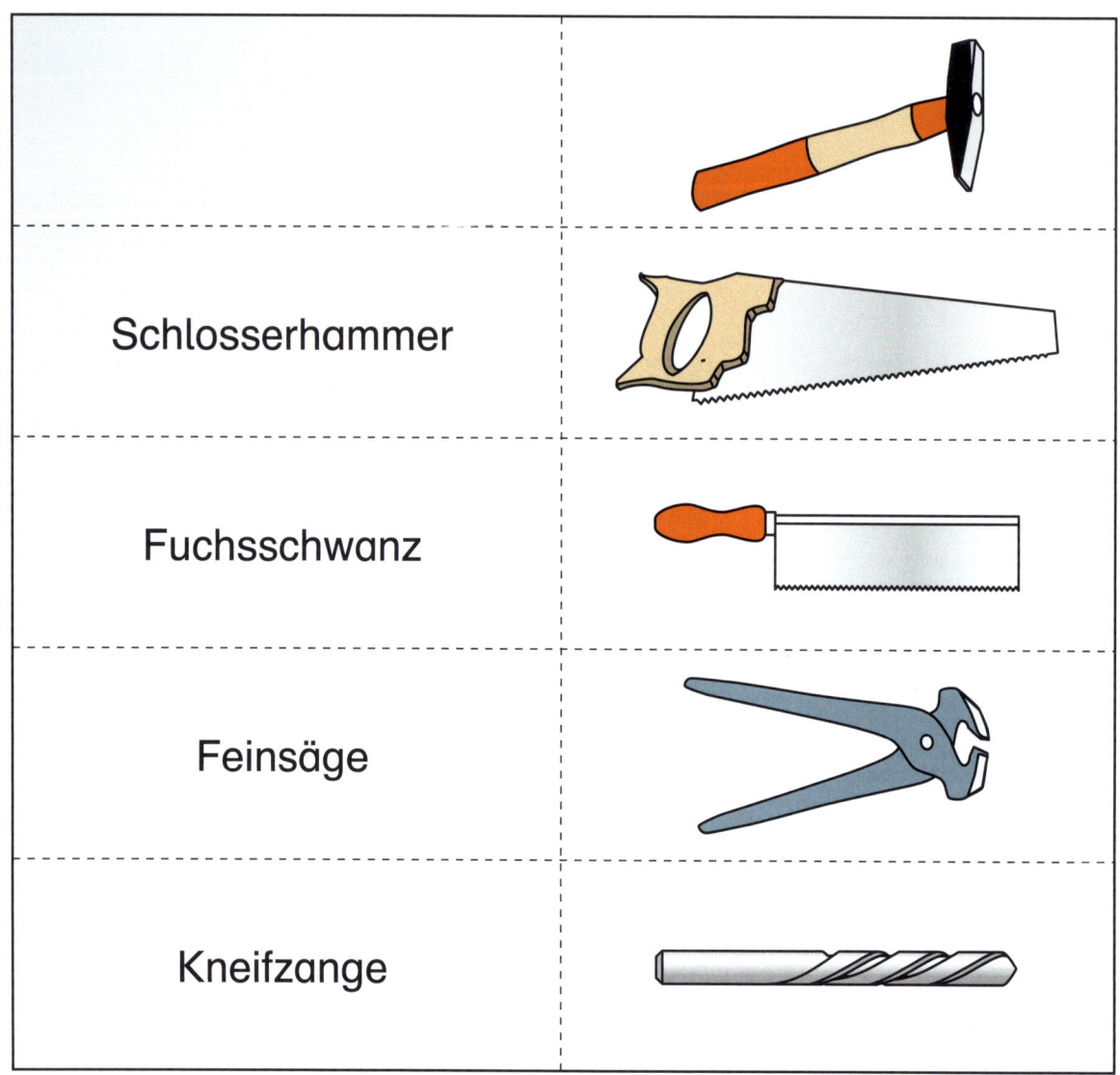

Alle Felder müssen gleich groß sein.
Im rechten oberen Feld wird ein Werkzeug abgebildet.
In das linke Feld der folgenden Zeile schreibt ihr seinen Namen.
In das rechte Feld daneben zeichnet ihr dann wieder die Abbildung eines Werkzeuges usw.
Stimmt euch in der Klasse ab, welche Werkzeuge jeder in sein Domino aufnimmt.
Die Werkzeugnamen im ersten Feld müsst ihr mit eurem Nachbarn abstimmen. Hier steht die Bezeichnung seines letzten Werkzeugs, damit am Ende alle Domino-Steine zusammenpassen.

Kopiert eure Entwürfe und laminiert die Seiten.
Schneidet zeilenweise auseinander.
Ihr könnt die ausgeschnittenen Streifen mit Kraftkleber auf passend gesägte Spielsteine aus Sperrholz aufkleben. Dann hält euer Spiel länger und auch andere Schüler können es nutzen.

2 Fertigungsverfahren

LEIM

WACHS

Trennen

Fügen

Umformen

Beschichten

Du lernst:	Technik verstehen
Technik herstellen	Technik nutzen
Technik bewerten	

Einteilung der Fertigungsverfahren

Wenn ihr Werkstücke herstellt, müsst ihr Werkstoffe bearbeiten. Dazu setzt ihr Werkzeuge oder auch Maschinen ein. Im Verlauf der Arbeit ändern sich die Form und oft auch die Eigenschaften des Ausgangsmaterials.

> Damit aus einem Werkstoff ein fertiges Produkt entsteht, setzen wir Fertigungsverfahren ein.

Es gibt eine Vielzahl von Fertigungsverfahren. Einige davon kennt ihr vielleicht schon, wie z. B. das Schneiden oder das Leimen, andere werdet ihr bei der Herstellung eurer Werkstücke näher kennen lernen. Um das Werkstück auf Seite 13 herzustellen, haben die Schüler beispielsweise gesägt, gefeilt, gebohrt, geschliffen, gebogen, gewachst und gefilzt.

In diesem Kapitel werden folgende Fertigungsverfahren beschrieben:

• Trennen
• Fügen
• Umformen
• Beschichten

In diese Übersicht lassen sich die wichtigsten Fertigungsverfahren, die ihr zur Bearbeitung eurer Werkstücke anwenden werdet, einordnen. Die Abbildung oben zeigt eine Auswahl der Fertigungsverfahren aus diesen Hauptgruppen.

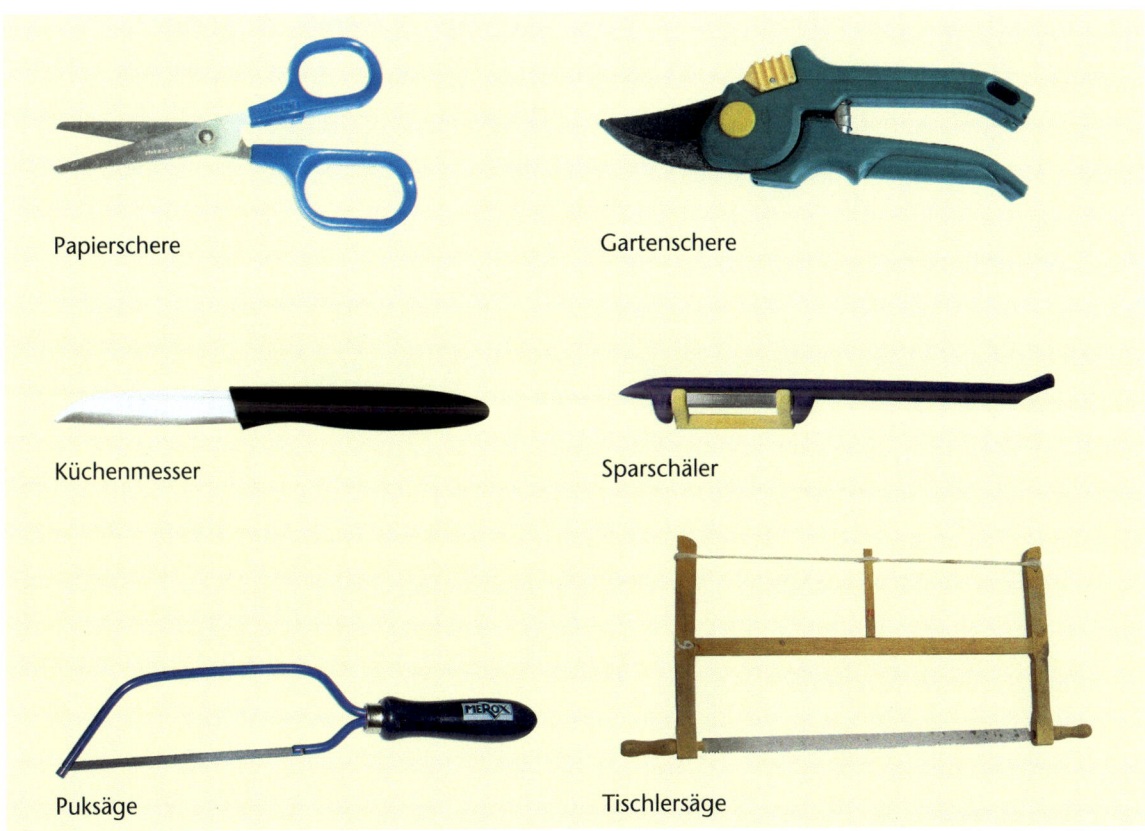

Papierschere

Gartenschere

Küchenmesser

Sparschäler

Puksäge

Tischlersäge

Werkzeuge zum Trennen

Trennen – ein bekanntes Fertigungsverfahren

In den vorhergehenden Klassenstufen habt ihr eine Schere zum Ausschneiden benutzt. Vielleicht habt ihr das Papier aber auch zerrissen und mit den Schnipseln ein Mosaik gestaltet. Einige von euch haben bestimmt schon einmal mit einem Sparschäler oder einem Messer Kartoffeln geschält oder mit einer Gartenschere Blumen und Zweige abgeschnitten. Natürlich könnt ihr einen Zweig auch abbrechen. Bei allen diesen Arbeiten trennen wir etwas. Deshalb sprechen wir von Trennverfahren.

Trennverfahren werden auch in vielen Berufen genutzt. Der Fleischer schneidet Fleisch, der Bäcker Kuchen und die Schneiderin Stoff. Gärtner verschneiden die Bäume und mähen den Rasen. Der Tischler sägt Holz, der Maurer Steine und der Schlosser Metall.

Im Technikunterricht lernt ihr nun, wie man richtig sägt, feilt, bohrt oder schleift. Auch das sind Trennverfahren.

Durch Trennen ändern wir die Form des Werkstückes. Der Zusammenhalt der Werkstoffteilchen wird beim Trennen aufgehoben.

Einteilung der Trennverfahren

Wenn ihr mit einer Schere oder einem Messer etwas zerschneidet, zerreißt oder brecht, entstehen dabei keine Späne. Deshalb bezeichnen wir Schneiden, Reißen und Brechen als spanlose Trennverfahren.

Bei den meisten Trennverfahren entstehen allerdings Späne. Diese Verfahren nennen wir spanende Trennverfahren. Beispiele dafür sind das Sägen, Feilen, Bohren und Schleifen.

Trennverfahren werden in spanlose und spanende Verfahren eingeteilt.

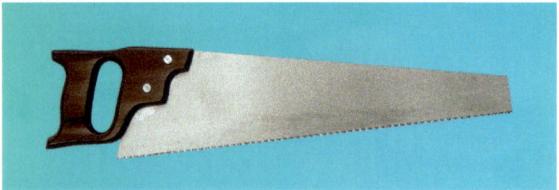

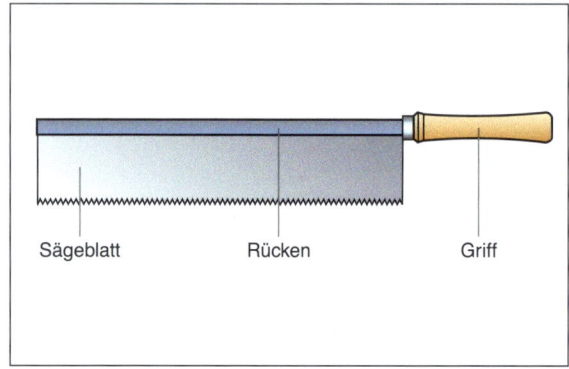

Metallbügelsäge, Fuchsschwanz, Feinsäge oder Laubsäge?

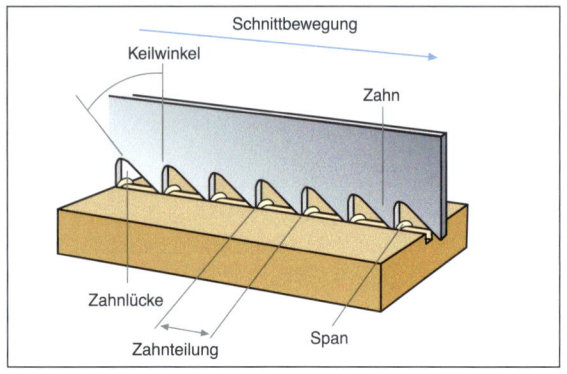

Wirkungsweise des Sägeblattes

Aufbau einer Feinsäge

Trennverfahren Sägen, Raspeln, Feilen

Trennen durch Sägen

Welche Säge eingesetzt wird, hängt vom Material und von der Arbeitsaufgabe ab. Für grobe Zuschnitte von Holz könnt ihr den Fuchsschwanz verwenden. Bearbeitet ihr kleinere Holzwerkstücke oder Kunststoff, benutzt ihr besser eine Feinsäge, eine Puk- oder Laubsäge. Der Holzfäller wird mit einer Motorkettensäge arbeiten. Der Tischler nutzt Kreis- und Bandsägen.

Bearbeitet ihr Metall, ist die Metallbügelsäge das geeignete Werkzeug (siehe S. 89.).

Alle genannten Sägen haben keilförmige Sägezähne, mit denen beim Sägen Späne vom Werkstück abgetrennt werden. Wenn ihr einige im Technikraum vorhandene Sägen miteinander vergleicht, werdet ihr feststellen, dass die Sägezähne bei den einzelnen Sägen unterschiedlich groß sind. Damit ist auch der Abstand zwischen den Zähnen, den wir als Zahnteilung bezeichnen, größer oder kleiner.

Einige Sägen, wie beispielsweise der Fuchsschwanz, heben nur dann Späne ab, wenn ihr schiebt. Diese Wirkungsweise zeigt die Abbildung oben. Bei anderen Sägen, z. B. bei der Feinsäge, werden auch beim Ziehen Späne abgetrennt.

> Die geeignete Säge müssen wir entsprechend der Arbeitsaufgabe und dem verwendeten Material richtig auswählen.

Die Abbildung oben zeigt den Aufbau einer Feinsäge. Ein Sägeblatt und einen Griff haben auch alle anderen abgebildeten Sägen. Die Größe der Sägeblätter ist allerdings unterschiedlich.

> Achtet auf einen festen Sitz des Griffes, damit ihr euch nicht verletzt.

Richtiges Ansetzen der Säge

Immer waagerecht sägen!

Der Anriss muss noch sichtbar sein

Querschnittsformen bei Feilen

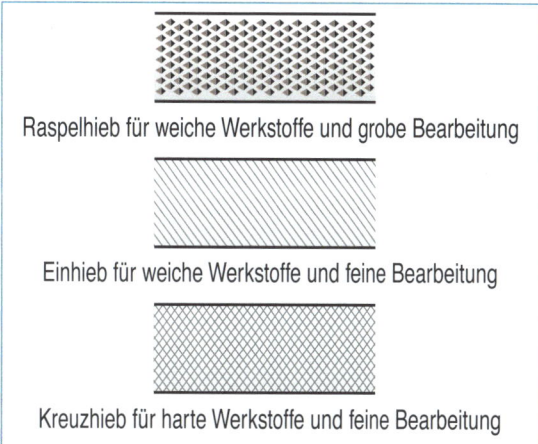

Raspelhieb für weiche Werkstoffe und grobe Bearbeitung

Einhieb für weiche Werkstoffe und feine Bearbeitung

Kreuzhieb für harte Werkstoffe und feine Bearbeitung

Feilen für verschiedene Anwendungen

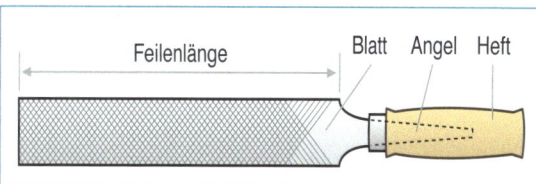

Feilenlänge · Blatt · Angel · Heft

Aufbau einer Feile

Die Abbildung oben zeigt dir, wie du die Säge ansetzen und beim Sägen halten musst.

> Säge immer auf der Abfallseite, der Anriss soll nach dem Sägen gerade noch sichtbar sein.

Stütze das Abfallstück ab, bevor du ganz durchsägst, damit der Werkstoff nicht ausbricht.

Trennen durch Raspeln und Feilen

Nach dem Sägen sind oft noch weitere Trennverfahren nötig. Meistens befinden sich am Sägeschnitt Splitter oder Grate. Die Maße stimmen noch nicht genau und auch die Form muss weiter bearbeitet werden. Für grobe Holzbearbeitung verwenden wir eine Raspel. Für feinere Holzarbeiten und zur Kunststoff- und Metallbearbeitung nutzen wir Feilen. Schütze dein Werkstück durch Schutzbacken, wenn du es zum Raspeln oder Feilen einspannst.

---

1 Benenne die Fertigungsverfahren, die die 5a zur Herstellung ihrer Wandbilder angewendet hat. Nutze dazu Seite 13.

2 Ordne die Fertigungsverfahren aus Aufgabe 1 der jeweiligen Hauptgruppe zu. Nutze dazu Seite 14.

3 Notiere Berufe und ordne ein typisches Trennverfahren zu.

4 Ordne die Namen der Sägen in der Abbildung auf Seite 16 oben richtig zu. Nenne Gemeinsamkeiten und Unterschiede.

5 Führe einen Versuch durch. Säge dazu von einer Holzleiste mit dem Fuchsschwanz und mit der Feinsäge je ein Stück ab. Beschreibe die Unterschiede der Schnittflächen.

6 Sieh in deinem Werkzeugfach nach und prüfe, welche der Feilen, die oben abgebildet sind, dir zur Verfügung stehen.

2

Selbst hergestellter Schleifklotz

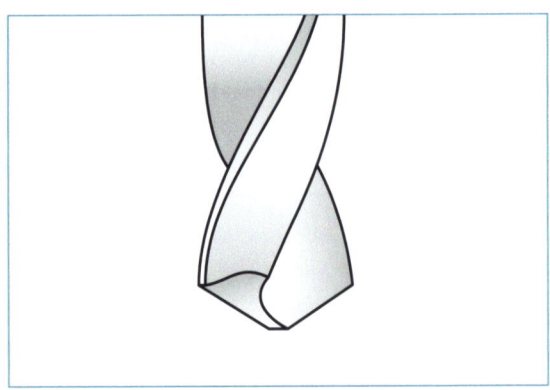

Spiralbohrer (für Holz, Metall und Kunststoff)

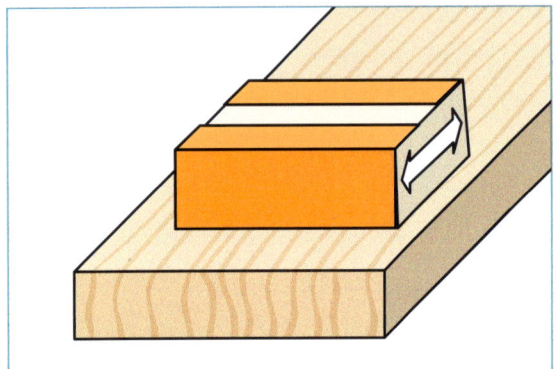

Schleifen mit Schleifklotz

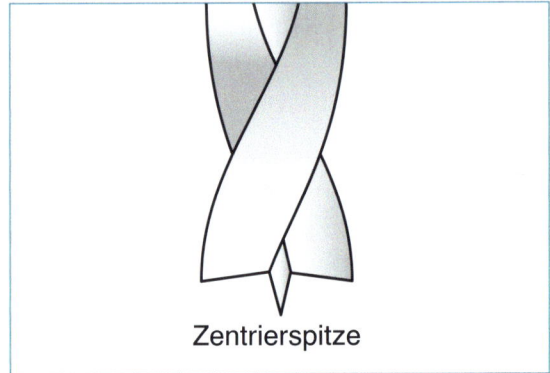

Zentrierspitze

Holzspiralbohrer

Trennverfahren Schleifen und Bohren

Trennen durch Schleifen

Das Schleifen dient der Feinbearbeitung. Die Werkstückoberfläche wird geglättet, Werkstückkanten können gebrochen werden. Ihr könnt Holz, Kunststoff und auch Metall schleifen. Für die verschiedenen Werkstoffe müsst ihr Schleifpapier mit unterschiedlichen Korngrößen verwenden. Auf dem Schleifpapier kann sich beispielsweise Quarzsand befinden. Deshalb heißt es auch Sandpapier. Die keilförmigen Schneiden des Sandes trennen feine Werkstoffteilchen ab.

> Beim Schleifen werden feine Späne vom Werkstoff abgetrennt. Schleifen gehört zu den spanenden Trennverfahren.

Auch die 5a hat die Leisten für ihre Wandbilder geschliffen. Die Lehrerin hat erklärt, dass es wich-

tig ist, Holz immer in Faserrichtung zu schleifen. Zum Schleifen haben die Schüler Schleifklötze benutzt. Auch diese könnt ihr selbst herstellen, indem ihr Filz auf Klötze klebt.

Trennen durch Bohren

Bohren müsst ihr immer dann, wenn zylindrische Löcher entstehen sollen. Oft dienen diese Bohrungen dann der Aufnahme von Verbindungselementen wie Schrauben, Dübeln oder Nieten.

Das Bohrloch entsteht durch die Drehbewegung des Bohrers. Beim Eindringen in das Werkstück werden Späne abgehoben.

Für unterschiedliche Einsatzzwecke und Materialien gibt es verschiedene Bohrer. Zum Bohren der Holzleisten verwendet die 5a einen Holzspiralbohrer. Er hat eine Zentrierspitze. Diese erleichtert das Ansetzen und verhindert, dass der Bohrer wegrutscht. Damit das Werkstück beim Bohren nicht splittert, legen die Schüler ein Holzstück als Zulage unter ihre Leisten.

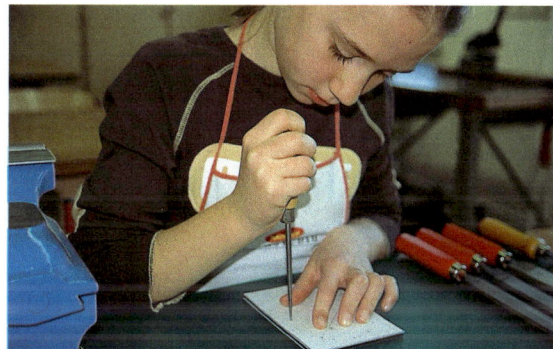
Bohrung vorstechen

*Einspannen des Werkstückes
in den Maschinenschraubstock*

Haare schützen!
Schutzbrille tragen!

Eng anliegende
Kleidung tragen!

Die rechte Hand
bedient den
Bohrspindelhebel

Späne nur
mit Pinsel
oder
Besen
entfernen

Die linke
Hand fasst den
Maschinen-
schraubstock

Werkstück fest
einspannen

Schrittstellung

Das Körper-
gewicht ist auf
dem linken Bein

Arbeit an der Ständerbohrmaschine

Einsatz der Bohrmaschine

In die Leisten für die Wandbilder muss die 5a Löcher bohren. Mithilfe ihrer technischen Zeichnung haben die Schülerinnen und Schüler eine Bohrschablone aus Karton hergestellt. Diese Schablone haben sie auf dem Werkstück befestigt und den Mittelpunkt der Bohrungen mit einem Vorstecher auf den Holzleisten markiert.

Vor der Arbeit an der Bohrmaschine sind folgende Arbeitsregeln zu beachten:

- Über Not-Aus-Taster informieren.
- Bohrer auswählen (Bohrerart, Durchmesser).
- Bohrer fest in das Bohrfutter einspannen.
- Bohrfutterschlüssel abziehen.
- Drehzahl an der Maschine einstellen.
- Werkstück mit Bohrzulage fest in den Maschinenschraubstock einspannen.
- Probelauf: Der Bohrer darf nicht unrund laufen (eiern).
- Bohrerspitze mit Markierung (Anriss) auf dem Werkstück in Übereinstimmung bringen.
- Bohrtiefe an der Bohrmaschine einstellen.

Beachte bei der Arbeit an der Bohrmaschine folgende Regeln:

- Langsam anbohren.
- Mit gleichmäßigem Vorschub (Druck) bohren.
- Am Ende vorsichtig bohren, damit das Bohrloch nicht ausreißt.
- Bohrer aus dem Bohrloch herausführen.
- Maschine ausschalten.
- Werkstück erst ausspannen, wenn der Bohrer steht.
- Späne mit Pinsel entfernen.

---

1 Welche Fertigungsverfahren sind zur Herstellung eines Schleifklotzes nötig?

2 Notiere wichtige Regeln zum Arbeitsschutz an der Bohrmaschine in deinen Hefter.

3 Was ist eine Bohrzulage und wofür verwenden wir sie?

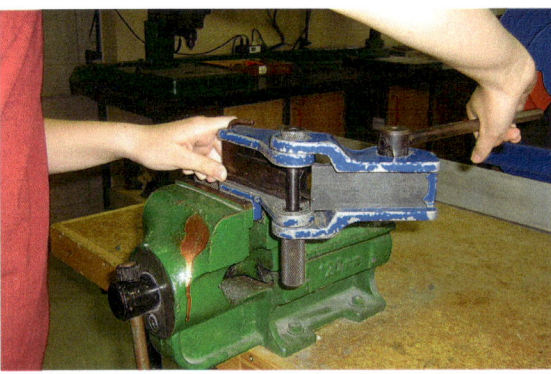

Biegen der ersten Öse mithilfe einer Biegevorrichtung

Biegen der zweiten Öse

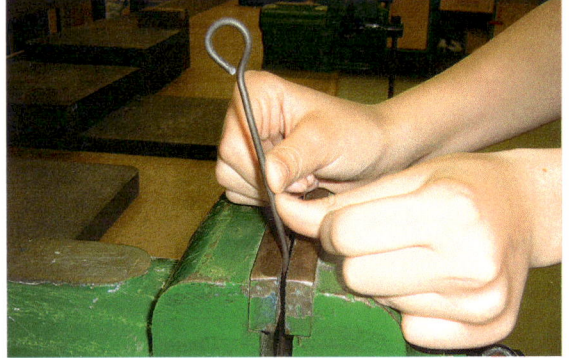

Winkel biegen

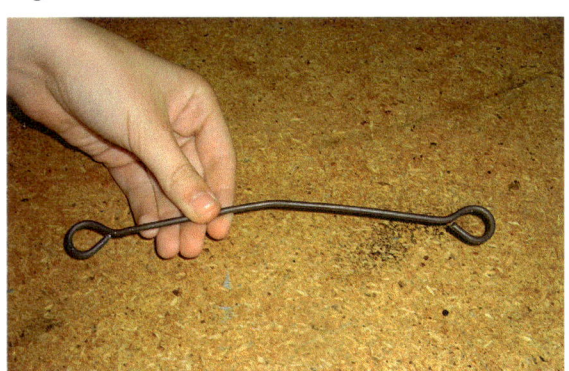

Fertig gebogene Aufhängung

Arbeitsschritte zur Herstellung der Aufhängung für ein Wandbild

Umformen

Wie entstehen Töpfe, Schüsseln, Eimer und Badewannen für den Haushalt oder Karosseriebleche für Autos? Sie werden alle aus einem ebenen Stahlblech geformt. Das Blech wird umgeformt.
Du hast selbst sicher schon einmal gewollt oder ungewollt etwas verbogen. Dabei hast du ebenfalls Material umgeformt. Auch die Ösen zum Aufhängen der Wandbilder werden gebogen. Ein gerades Stück Draht wird mithilfe einer Rundzange oder einer Biegevorrichtung zur Öse geformt.
Ein weiteres Umformverfahren ist das Tiefziehen. Vor allem Hohlkörper aus Kunststoff, wie beispielsweise Joghurtbecher, werden mit diesem Verfahren hergestellt.
Wenn ihr in der Adventszeit Plätzchen backen wollt, formt ihr den Teig ebenfalls um. Ihr walzt ihn mit dem Nudelholz so lange, bis er die gewünschte Dicke erreicht hat.

Biegen, Tiefziehen und Walzen sind Umformverfahren. Beim Umformen wird die Form von festen Körpern durch Einwirkung von äußeren Kräften verändert.

Nicht alle Werkstoffe können umgeformt werden. Wenn du beispielsweise deinen Radiergummi verbiegst, nimmt er wieder die Ausgangsform an, sobald du keine Kraft mehr ausübst. Das Material ist elastisch.
Werden Werkstoffe umgeformt, so müssen sie anschließend ihre Form behalten. Sie dürfen nicht wieder die Ausgangsform annehmen. Behält ein Werkstoff nach dem Umformen seine Form, nennen wir das plastische Verformbarkeit.

Die Formänderung bleibt nach dem Umformen erhalten. Die meisten Metalle und Kunststoffe können ungeformt werden.

Schutzbacken mit Ausgangsmaterial

Schutzbacken im Schraubstock

Schneiden mit der Handhebelschere

Schleifen

Biegen mit der Abkantvorrichtung

Trennen

Umformen

Herstellen von Schutzbacken durch Umformen

Wenn ihr eure Werkstücke in den Schraubstock einspannt, verwendet ihr oft Schutzbacken, damit die Werkstückoberflächen nicht beschädigt werden. Solche Schutzbacken könnt ihr aus Aluminiumblech selbst herstellen.

Die ersten Arbeitsschritte nach dem Messen und Anreißen sind auch hierbei Trennverfahren. Nach dem Schneiden, Feilen und Schleifen folgt dann das Umformen. Um die abgewinkelte Form der Schutzbacken zu erreichen, müsst ihr das Material biegen. Zum Anreißen der Biegekante verwendet ihr am besten einen Bleistift oder Filzstift. Wenn ihr eine Reißnadel benutzt, könnte das Material am Riss brechen.

Zum Biegen gibt es in eurem Fachraum bestimmt eine Biegevorrichtung. Damit gelingt es euch, die Schutzbacken rechtwinklig zu biegen.

Oft müssen die Werkstoffe vor dem Umformen erhitzt werden. Das erleichtert die Verformbarkeit. Bei Aluminium ist das aber nicht nötig. Ihr könnt es kalt umformen.

1 Nenne Gegenstände, die durch Umformen hergestellt wurden.

2 Entwickle eine Tabelle mit Bewertungspunkten für die selbst hergestellten Schutzbacken. Bewerte damit deine Schutzbacken.

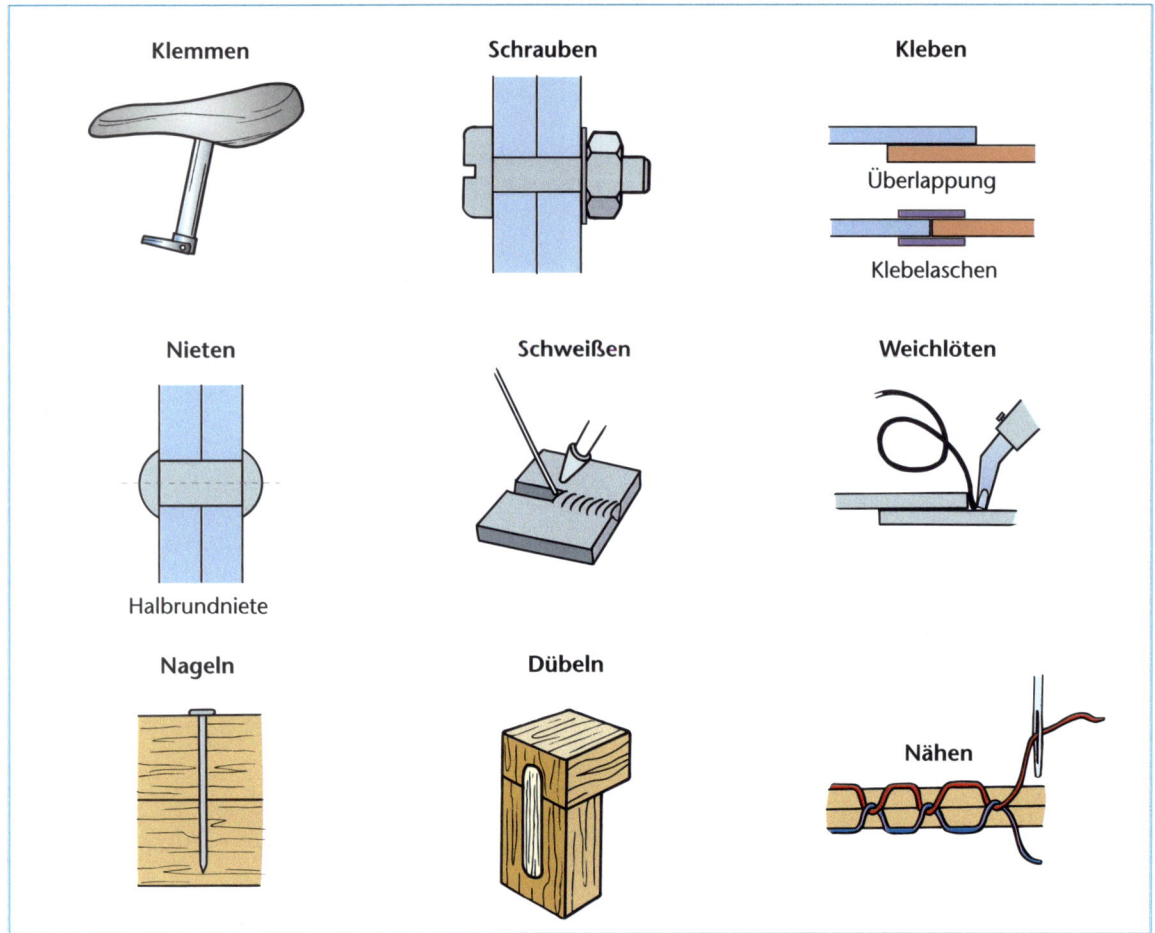

Verbindungen

Fügen

Immer dann, wenn ihr mehrteilige Gegenstände herstellt, müsst ihr die einzelnen Teile miteinander verbinden.

> Durch Fügen werden zwei oder mehr Einzelteile miteinander verbunden.

Verbindungen am Fahrrad

Wenn ihr ein Fahrrad genauer betrachtet, stellt ihr fest, dass es aus vielen Einzelteilen besteht. Alle diese Teile müssen zweckmäßig miteinander verbunden sein, damit das Fahrrad funktioniert und sich beim Fahren nicht etwa Teile lösen. An modernen Fahrrädern sind beispielsweise Sattel und Vorderrad mit Schnellspannern festgeklemmt. So könnt ihr den Sattel problemlos in der Höhe verstellen und das Rad ist schnell ausgebaut, wenn der Reifen repariert werden muss oder das Fahrrad einmal im Kofferraum eines Autos transportiert werden soll.

Wenn ihr genau hinseht, findet ihr viele verschiedene Schrauben. Um sie zu lösen, ist entsprechendes Werkzeug nötig, wie Schraubendreher und Schraubenschlüssel. Damit können später auch alle Teile wieder zusammengeschraubt werden.

> Klemmen und Schrauben sind lösbare Verbindungen. Weder die verbundenen Teile noch die Verbindungselemente (z. B. Schrauben) müssen beim Lösen der Verbindung zerstört werden.

Nietverbindung

Schraubverbindung

Schweißnaht

Klebverbindung

Lötverbindung

Schnellspanner

Verbindungen am Fahrrad

Betrachtet ihr den Fahrradrahmen genau, könnt ihr unter dem Lack die Schweißnähte erkennen. Durch Schweißen entsteht eine sehr feste Verbindung. Damit hält der Rahmen hohen Belastungen stand.

Die elektrischen Leitungen für die Beleuchtung können gelötet werden. Entdeckt ihr am Schutzblech oder am Sattel einige Nieten? Hier halten die Teile durch die umgeformten Nieten zusammen.

Hat jemand von euch schon einmal einen Fahrradschlauch geflickt? Dabei wird der Flicken aufgeklebt. Auch die Satteldecke ist oft aufgeklebt. Wir bezeichnen Schweißen, Löten, Nieten und Kleben als unlösbare Verbindungen. Sollen diese Verbindungen wieder getrennt werden, muss die Fügestelle zerstört werden.

Bei unlösbaren Verbindungen wird die Fügestelle beim Trennen zerstört. Dabei können sowohl das Werkstück als auch die Verbindungselemente beschädigt werden.

1 Ordne die Verbindungen aus der Abbildung auf Seite 22 in einer Tabelle nach lösbaren und unlösbaren Verbindungen.

2 Notiere die im Text genannten Verbindungen am Fahrrad.

3 Notiere weitere Beispiele für Verbindungen, die du an Gegenständen des täglichen Lebens findest.

Thema: Kleben
- Anwendungsmöglichkeiten
- Viele verschiedene Klebstoffe
- Keine Werkzeuge nötig
- Sauber und leise
- Keine Bohrungen nötig
- Gefahrenhinweise beachten
- Gut lüften

Pauls Stichpunktzettel

Miriam reinigt die Klebeflächen sorgfältig.
Karsten spannt sein Werkstück fest ein.
Melanie drückt die Teile fest zusammen.
Max lässt den Kleber über Nacht trocknen.
Irina schleift die Klebeflächen leicht an.
Pascal trägt den Klebstoff gleichmäßig und dünn auf.
Jeremias erwärmt die Klebstoffe.

Was die Haltbarkeit einer Klebeverbindung beeinflusst

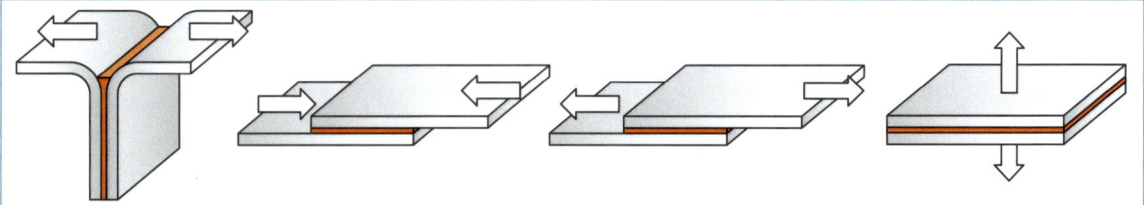

Was Klebeverbindungen aushalten müssen

Kleben und Leimen

Kleben

Paul sitzt an seinem Schreibtisch, um endlich mit den Hausaufgaben zu beginnen. Die 6b hat den Auftrag, Kurzreferate zu Verbindungsarten anzufertigen. Pauls Thema ist das Kleben. Er blickt sich um. Was wäre, wenn es keine Klebstoffe gäbe? Paul denkt nach.

Von der Wasserflasche auf seinem Schreibtisch fällt das Etikett ab. Die Tapete löst sich von der Wand. Ein Windstoß bläst die losen Blätter seines Lehrbuchs davon. Die Einzelteile des Regals stürzen laut polternd zu Boden. Die aus Spanplatten bestehenden Regalbretter zerbröseln zu Spänen. Pauls Schreibtisch geht buchstäblich aus dem Leim. Auch der Bilderrahmen hängt nicht mehr an der Wand. Von Pauls Daumen fällt das Heftpflaster ab und von seinen Hausschuhen hat sich die Sohle gelöst. Aus dem Bad läuft Wasser, da die Kunststoffleitung nicht mehr dicht ist. Die Fliesen haften nicht mehr an der Wannenverkleidung. Handtücher und Haken liegen auf dem Fußboden. Ohne Klebstoffe auszukommen, ist eine schreckliche Vorstellung. Zum Glück ist Pauls Lehrbuch nicht zerfallen und er beginnt mit seinem Kurzreferat.

Paul macht sich Notizen:

Im Haushalt, in der Industrie, im Handwerk, im Büro, beim Modellbau, bei Reparaturarbeiten und vielem mehr – für jeden Einsatzzweck gibt es geeignete Klebstoffe. Manchmal müssen sie sehr fest sein, wie bei TÜV-Plaketten, manchmal müssen sie leicht zu entfernen sein, wie bei Flaschenetiketten.

Kleben verbindet unterschiedliche Teile. Es funktioniert ohne weitere Werkzeuge, ist sauber, sicher und leise. Bohrungen, die das Material schwächen, sind nicht nötig. Beim Kleben metallischer Werkstoffe können keine Hitzeschäden entstehen, wie etwa beim Schweißen oder Löten. Allerdings müssen wir mit Klebstoffen sehr vorsichtig umgehen. Auf vielen Klebstoffverpackungen weisen Symbole auf mögliche Gefahren hin. So sind einige Klebstoffe giftig, reizen Augen und Haut oder sind leicht entzündbar. Bei der Verwendung von Sekundenkleber passen wir besonders gut auf, dass kein Klebstoff auf die Haut gelangt. Außerdem müssen wir beim Umgang mit Klebstoff immer gut lüften, da viele Klebstoffe Lösemittel enthalten.

Nun muss Paul nur noch einen Stichpunktzettel zusammenstellen, damit er im Unterricht frei sprechen kann und ihm alle aufmerksam zuhören.

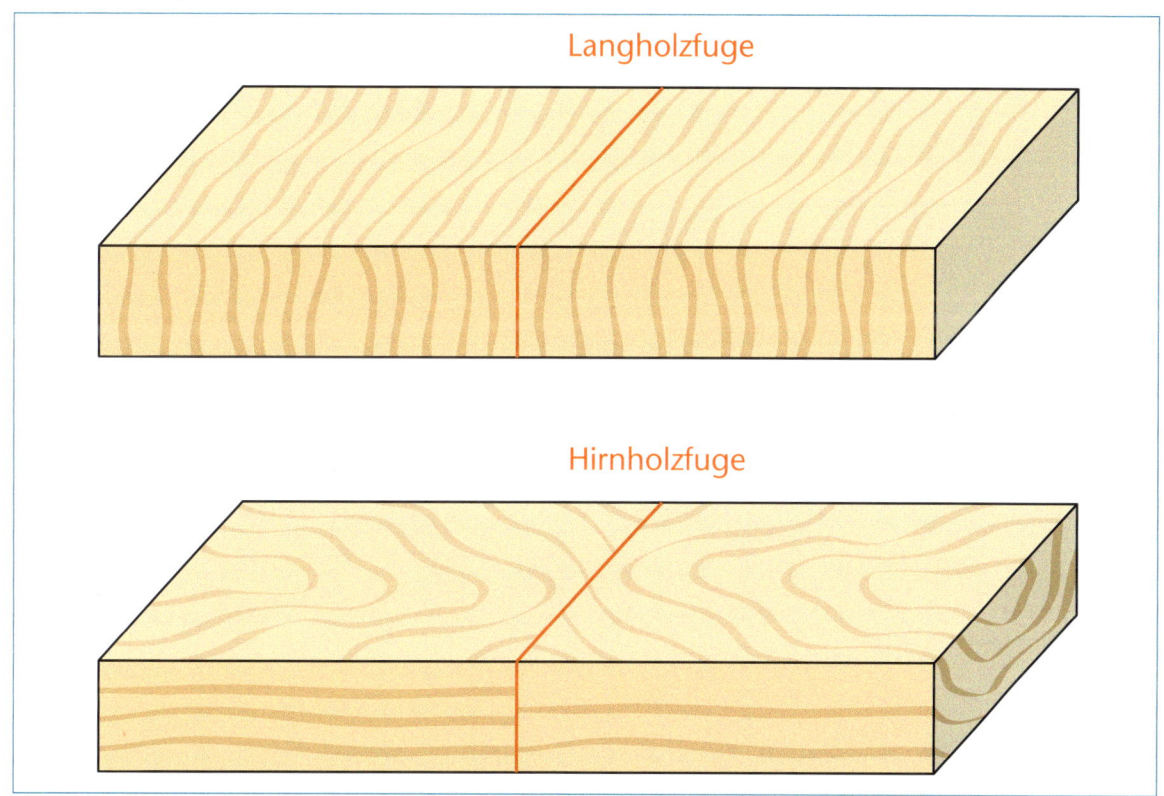

Langholzfuge

Hirnholzfuge

Leimen

Holzwerkstoffe werden geleimt.

Marielles Klasse führt einen Versuch zur Haltbarkeit von Leimverbindungen durch. Dazu be-
reitet sie vier gleich große Holzplatten vor. Die
Schüler sorgen dafür, dass die Flächen, die sie
verleimen wollen, eben sind. Als Leim haben sie
Holzkaltleim ausgewählt. Diesen Leim wollen sie
später auch zum Verleimen ihrer Seilbahngondel
verwenden.

Bei einer Probe sollen die Längsseiten der Bretter
miteinander verleimt werden (vergleiche dazu
die Abbildung zur Langholzfuge oben). Bei einer
zweiten Probe wird das Hirnholz der Bretter verleimt. Auch das seht ihr in der Abbildung oben.

Die Lerngruppe bespricht mit ihrer Lehrerin,
worauf es ankommt, damit die Ergebnisse auch
vergleichbar sind. Sie einigen sich auf eine einheitliche Größe der Bretter.

Bei beiden Proben muss der Leim zügig aufgetragen werden. Zwei Arbeitsgruppen fügen die
Teile gleichzeitig zusammen. Das ist wichtig,
damit die Proben später verglichen werden können. Dann werden die Teile mit Schraubzwingen
zusammengepresst.

> Leim wird auf die Fügestelle aufgetragen
> und verbindet die Teile nach einer Trock-
> nungszeit unlösbar miteinander.

Der Leim hat nun bis zur nächsten Unterrichtsstunde Zeit zum Abbinden. Dann können die
Schülerinnen und Schüler ihre Proben zerbre-
chen und die Oberflächen an den Bruchstellen
beschreiben.

1 Fertige ein Kurzreferat zu einem Fügeverfahren an.

2 Schreibe eine Geschichte zum Thema:
Unser Leben ohne Klebstoffe.

3 Führe einen Versuch zur Haltbarkeit von
Leimverbindungen durch. Ein Beispiel für
ein Protokoll findest du auf Seite 66.

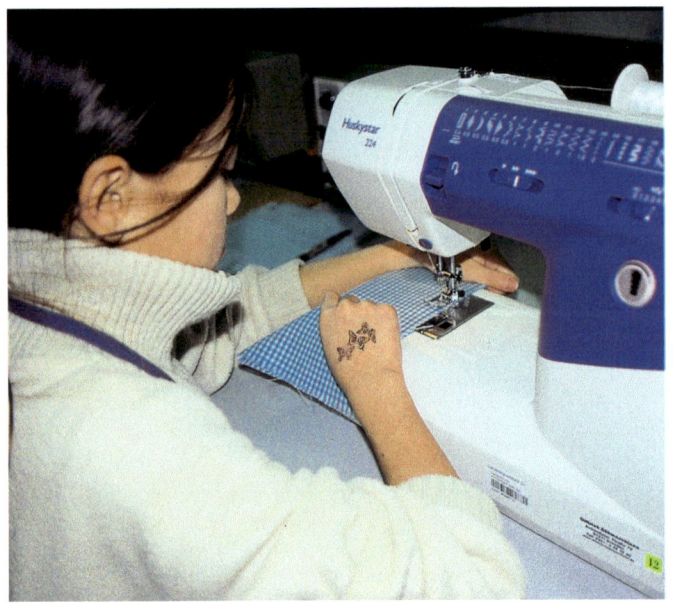

Nähen mit der Nähmaschine

Werkstattschürze

Nähen mit der Maschine

Das Nähen von Kleidungsstücken gehört zu den ältesten Fügetechniken der Menschen. Lange Zeit war das Nähen ausschließlich Handarbeit, bis vor etwa 200 Jahren die ersten Nähmaschinen erfunden wurden. Moderne Nähmaschinen ermöglichen heute eine schnelle und preiswerte Herstellung unserer Kleidung. Sie entsteht zwar hauptsächlich in Fabriken, trotzdem besitzen etwa drei Viertel aller Haushalte eine Nähmaschine. Das hat folgende Gründe:

- Schnelle und preiswerte Reparatur von Kleidung
- Abändern von Textilien
- Nähen einfacher textiler Gegenstände wie Kissenhüllen, Schürzen, Gardinen, Vorhänge
- Hobbyschneidern in der Freizeit

Informiere dich vor der Arbeit über den Aufbau und die Bedienung deiner Nähmaschine. Übe das sichere Einlegen von Ober- und Unterfaden. Die Einstellung von Stichart, Stichbreite und Stichlänge ist von der Arbeitsaufgabe und der Stoffart abhängig.

Beachte folgende Sicherheitsregeln für das Nähen an der Maschine:

- Zuerst das Netzkabel in die Maschine stecken, dann erst den Netzstecker in die Steckdose.
- Beim Abbau umgekehrt vorgehen, zuerst den Netzstecker an der Steckdose, dann das Netzkabel an der Maschine abziehen.
- Vorsicht bei langen Haaren, sie können sich an der Nadelstange verfangen.
- Maschine nicht in Bewegung setzen, solange sich die Finger im Bereich der Nadel befinden.

Das Nähen gehört zu den unlösbaren Verbindungen. Wenn du eine Naht auftrennst, musst du den Faden durchtrennen, das heißt er wird zerstört und kann nicht wieder verwendet werden.

Das Arbeiten mit der Nähmaschine erfordert viel Fingerspitzengefühl und Geduld. Zunächst musst du Ober- und Unterfaden sorgfältig einfädeln. Wenn du etwas falsch machst, sind Nähstörungen die Folge. Damit du dies rechtzeitig bemerkst, solltest du zu Beginn deiner Näharbeit immer erst auf einem Probestück nähen. Ziehe vor den ersten Nähstichen Ober- und Unterfaden nach hinten, damit sie sich nicht verheddern und stören. Führe nun den Stoff mit beiden Händen, halte ihn aber nicht krampfhaft fest und schiebe ihn nicht, damit die Nadel nicht abbricht.

Sieht deine Probnaht gut aus, kannst du mit dem eigentlichen Werkstück beginnen.

Schürzenbänder nähen

Schürzenbänder mithilfe einer Sicherheitsnadel wenden

Schürzenbänder bügeln

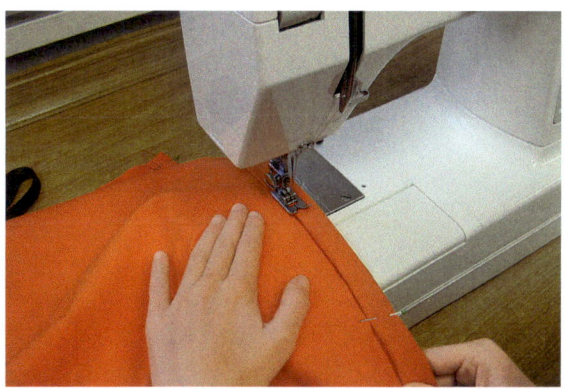

Saum umnähen

Herstellen einer Schürze für die Arbeit in der Werkstatt

Die Klasse 6b hat sich entschieden, die Schürzen für die Arbeit im Technikraum selbst herzustellen. Damit die Schürze strapazierfähig ist, heiß gewaschen werden kann und gut aussieht, hat die Lerngruppe farbigen Baumwollstoff als Material ausgewählt. Bevor die Arbeit beginnen kann, werden die nötigen Arbeitsschritte an der Tafel notiert:

- Stoff zuschneiden (Rechteck 70 x 90 cm und drei Streifen für die Bänder 7 cm breit, 70 cm lang)
- Bänder nähen
- Bänder wenden
- Bänder bügeln
- Schürze rundum säumen, dabei die Bänder mit einnähen
- obere Ecken umschlagen und festnähen
- Schürze bügeln

1 Gehört das Nähen zu den lösbaren oder zu den unlösbaren Verbindungen? Begründe.

2 Notiere Regeln zum Arbeitsschutz beim Nähen.

3 Notiere die Namen der wichtigsten Bedienelemente deiner Nähmaschine. Was kannst du mit ihnen einstellen?

4 Trage Vor- und Nachteile beim Nähen von Hand und mit der Maschine in eine Tabelle ein.

5 Welche Aufgaben hat eine Nähmaschine heute im Haushalt?

6 Fertige von der Schürze, die du nähen möchtest, eine Skizze an.

7 Trage die Arbeitsschritte zum Herstellen der Schürze in eine Tabelle ein und ergänze die nötigen Arbeitsmittel.

Beschichten durch Glasieren

Korrosionsschutz durch Feuerverzinken

Emailliertes Geschirr

Farbanstriche schützen Stahloberflächen

Beschichten

Wenn wir unsere aus Holz oder Metall gefertigten Werkstücke längere Zeit benutzen, stellen wir fest, dass die Oberflächen nicht mehr schön aussehen. Auf dem rohen Holz bilden sich dunklere, unschöne Flecken. Unbehandelte Stahloberflächen fangen durch Handschweiß und Feuchtigkeit an zu rosten. Außerdem lieben wir Farben und wollen unser Werkstück dekorativ gestalten. Tragen wir durch Beschichten eine Schutzschicht auf, schützen wir unser Werkstück auch vor mechanischen Beschädigungen.

> Beschichten ist das Aufbringen einer fest haftenden Schutzschicht auf einen Gegenstand. Dadurch wird das Aussehen verbessert und die Lebensdauer des Werkstückes verlängert.

Werkstücke und Baugruppen aus Stahl müssen oft beschichtet werden. Durch den Sauerstoff der Luft und Feuchtigkeit rostet unbeschichteter Stahl und führt zur Verringerung der Festigkeit und Stabilität. Für Stahlbrücken, Häuser, Treppen und Balkone hätte das gefährliche Folgen. Den einfachsten Schutz erzielen wir durch Einfetten oder Einölen der Stahloberfläche. Allerdings ist diese Beschichtung nicht lange haltbar und sieht nicht sehr dekorativ aus. Die Abbildung oben zeigt eine Außentreppe mit Balkonen. Durch das Feuerverzinken wurde hier eine sehr lange haltbare und schöne Beschichtung erzielt. Farbanstriche wären auch möglich, sie müssen aber regelmäßig erneuert werden.

> Das Beschichten von Stahloberflächen verhindert das Rosten und sichert Haltbarkeit und Stabilität der Baugruppen.

Einsatz eines Lackierroboters

Sandstrahlen von Stahloberflächen

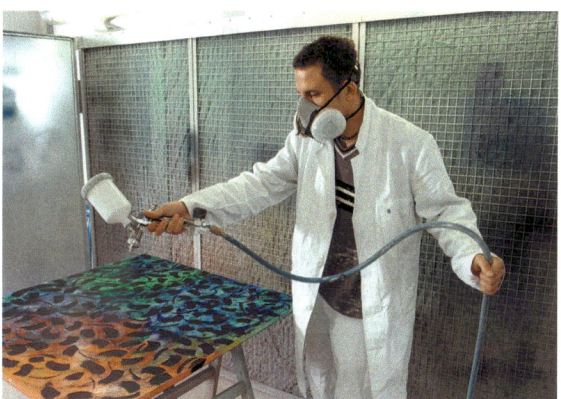

Lackieren mit der Farbspritzpistole

Maschinen kommen zum Einsatz

In der Industrie müssen häufig große Flächen beschichtet werden. Vor dem Lackieren werden Stahloberflächen durch Sandstrahlen von Rost, Schmutz oder alten Anstrichen gereinigt. Anschließend erfolgt die Farbgebung. Lackfarben beinhalten oft Verdünnungen und Lösungsmittel, die für uns gesundheitsschädigend sind. Bei der Arbeit mit der Spritzpistole ist daher eine Atemschutzmaske zu tragen. Um den Menschen die Arbeit zu erleichtern und eine gleich bleibende Qualität der Beschichtung zu erreichen, werden Spritzroboter eingesetzt. Ein computergesteuerter Roboterarm führt die Arbeit des Menschen aus.

1 Warum werden Werkstücke beschichtet?

2 Welche Vorteile bringt der Einsatz eines Spritzroboters?

Tauche den Pinsel nur bis zur Hälfte der Borstenlänge in Farbe ein, streife überschüssige Farbe ab

Trage die Farbe gleichmäßig in Faserrichtung auf

Reinige den Pinsel gründlich

Stelle Pinsel mit den Borsten nach oben zum Trocknen ab

Beschichten von Holz

Holzwerkstoffe sollten nach der Bearbeitung eine Oberflächenbehandlung erhalten. Werden die Werkstücke im Freien der Witterung ausgesetzt, ist ein Schutzüberzug umso wichtiger. Ohne eine witterungsbeständige Beschichtung sieht Holz in wenigen Jahren nicht mehr schön aus.

Vor der Beschichtung muss dein Werkstück absolut sauber geschliffen, glatt und staubfrei sein. Dazu wird das Werkstück mit Schleifpapier und Schleifklotz in Faserrichtung geschliffen. Überstehende Holzfasern werden abgetrennt, ein Teil wird nur niedergedrückt. Beim Auftragen von Farbe quellen diese Fasern und richten sich wieder auf. Die Oberfläche erscheint dadurch rau.

> Vor dem Beschichten muss die Holzoberfläche sauber geschliffen werden. Schleife immer in Faserrichtung des Holzes.

Möchtest du eine besonders glatte Holzoberfläche haben, gehe wie folgt vor:

- Schleife mit Schleifpapier mittlerer Körnung (Korn 80).
- Trage mit einem sauberen Schwämmchen warmes Wasser auf die Holzoberfläche auf. Die beim Schleifen nur niedergedrückten Fasern richten sich auf.
- Lasse die Holzoberfläche trocknen.
- Schleife mit Schleifpapier feiner Körnung (Korn 150).
- Reinige das Werkstück mit einem sauberen Lappen vom Schleifstaub.

Jetzt kann die Beschichtung der Holzoberfläche beginnen. Für welches Verfahren du dich entscheidest, hängt vom späteren Verwendungszweck des Werkstückes und von deinen Gestaltungswünschen ab. Möglich sind:

- Lackieren
- Beizen
- Wachsen

Lackieren einer Holzoberfläche

Beizen einer Holzoberfläche

Wachsen einer Holzoberfläche

Lack- und Lösungsmittelreste gehören nicht in den Ausguss

Lackieren

Die geschliffene Holzoberfläche saugt aufgetragene Farbe schnell auf. Deshalb müssen zuerst die Poren des Holzes mit einer Grundierung geschlossen werden. Nach dem Trocknen wird die grundierte Fläche noch einmal mit feinem Schleifpapier geschliffen und von Schleifstaub gereinigt. Nun erfolgt der dünne und gleichmäßige Auftrag der Lackfarbe. Lackfarben enthalten oft Lösungsmittel, die durch Einatmen Gesundheitsschäden verursachen können. Achte deshalb auf eine gute Lüftung. Lackreste und Lösungsmittel gehören nicht in den Ausguss! Sammle diese Reste in speziellen Behältern und gib sie an einer Sammelstelle ab.

Besser ist es, mit lösungsmittelfreien und damit umweltfreundlichen Acrylfarben zu arbeiten. Sie sind mit Wasser verdünnbar, Pinsel und Behälter können auch ohne Lösungsmittel mit Wasser gereinigt werden.

> Lösungsmittelfreie Acryllacke schonen die Umwelt und verursachen keine Gesundheitsschäden.

Beizen

Wenn du eine farbige Holzoberfläche haben möchtest, ohne die Holzmaserung zu verdecken, ist das Beizen das richtige Verfahren. Die Beize wird mit einem breiten Pinsel oder einem Schwamm aufgetragen. Nach dem Beizen wird die Holzoberfläche mit Wachs oder farblosem Lack geschützt.

Wachsen

Viele Naturholzmöbel werden heute mit Wachs beschichtet. Die Maserung und Farbe des Holzes wird betont und ein matter Glanz erzeugt. Trage das feste oder flüssige Wachs mit einem sauberen Baumwolltuch in Faserrichtung auf. Nach etwa 24 Stunden Trocknung kann die Oberfläche mit einer weichen Bürste oder einem Baumwolltuch seidenmatt poliert werden.

> **1** Welche Beschichtungsverfahren schonen die Umwelt? Begründe deine Entscheidung.

Welcher Begriff passt in die Reihe?

Schleifpapier	Schleifen	Feile	...

Schleifklotz – Raspeln – Feilen – Trennen

Fuchsschwanz	große Sägezähne	Feinsäge	...

kleiner Griff – großer Griff – kleine Sägezähne – Sägen

Bohren	spanend	Schneiden	...

Messer – gefährlich – spanlos – Trennen

Nähen	Faden	Kleben	...

Klebstoff – Nähnadel – Pinsel – Fügen

Schrauben	lösbare Verbindung	Schweißen	...

Schweißgerät – feste Verbindung – unlösbare Verbindung – Schraubendreher

Hammer	Nageln	Lötkolben	...

Wärme – Löten – Fügen – Klopfen

Wachsen	Beschichten	Biegen	...

Tiefziehen – Biegevorrichtung – Fügen – Umformen

Farbspritzen	Spritzpistole	Streichen	...

Pinsel – Beschichten – Wachsen – Schwamm

Suche nach eigenen Beispielen aus dem Kapitel *Fertigungsverfahren*. Löse sie mit deinem Nachbarn in Partnerarbeit.

3 Wir fertigen ein Produkt aus Holz

Du lernst:	Technik verstehen
⬭	⬭
Technik bewerten	Ideen austauschen

Holz – ein nachwachsender Rohstoff

Aus Holz entstehen nicht nur Schränke

Der Wald ist unser wichtigster einheimischer Rohstofflieferant. Er hat aber nicht nur diese Funktion. Der Wald dient unserer Erholung und ist Lebensraum vieler Tiere. Für das Klima der Erde und den Wasserhaushalt einer Region spielt er eine große Rolle. Die „grüne Lunge" Wald filtert Staub und Schadstoffe aus der Luft. Durch Luftschadstoffe aus Industrie und Verkehr sind Teile unseres Waldes bedroht. Schäden zeigen sich in lichteren Baumkronen sowie Anfälligkeiten gegen Schadinsekten und Krankheiten.

> Der Wald ist Rohstofflieferant, Lebensraum für Tiere und Pflanzen und dient der Erholung des Menschen.

Holz gehört neben Steinen und Ton zu den ältesten vom Menschen genutzten Werkstoffen. Schon in der Steinzeit bauten Menschen ihre Behausungen aus diesen Materialien.
Holz ist ein nachwachsender Rohstoff. Die Forstwirtschaft ist für Anpflanzung, Pflege des Waldbestandes und Holzeinschlag zuständig.

Holzarten

Wir unterscheiden Laub- und Nadelhölzer. In Deutschland werden vor allem die Laubhölzer Buche, Eiche, Erle, Esche, Pappel, Birke und Linde genutzt. Die häufigsten Nadelhölzer unserer Wälder sind Fichte, Kiefer und Lärche. Einige Holzarten werden aus anderen Ländern eingeführt. Limba und Mahagoni sind Laubhölzer und kommen aus Afrika bzw. Südamerika.
Das schnell wachsende Laubholz Balsa ist wegen seines geringen Gewichtes im Modellbau sehr beliebt. Seine Heimat ist Mittel- und Südamerika. Es muss uns aber bewusst sein, dass wir zur Zerstörung des tropischen Regenwaldes beitragen, wenn wir diese Hölzer verwenden.
Für die Verwendung des Holzes ist seine Härte ein wichtiges Merkmal. Wir unterscheiden **Weich-** und **Harthölzer**. Weichhölzer lassen sich

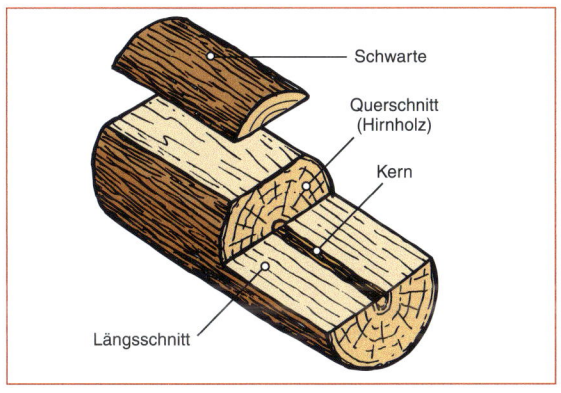

Schnitte durch das Holz

Gattersäge

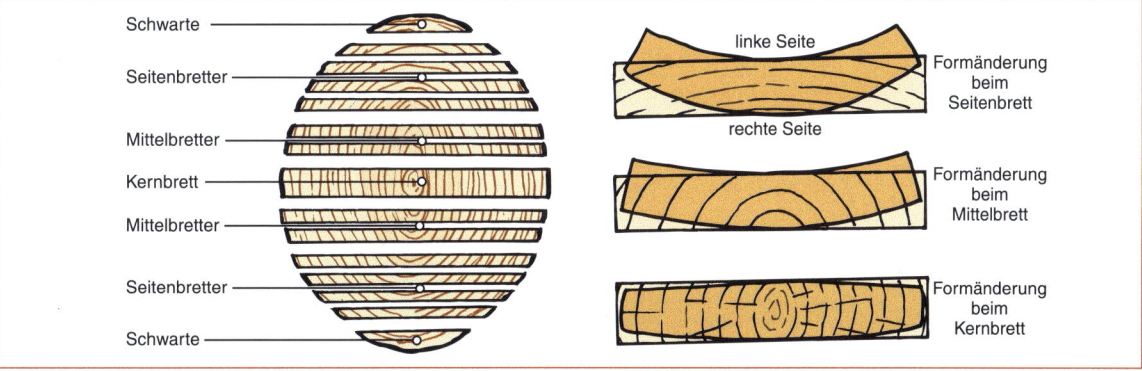

Brettarten

von uns leichter bearbeiten, ihre Festigkeit und Haltbarkeit ist aber geringer als bei Harthölzern.

> Die unterschiedliche Dichte der Holzfasern ermöglicht die Einteilung der Holzarten in Weich- und Harthölzer.

Bei uns wachsende Weichhölzer sind Erle, Linde, Kiefer, Fichte. Harthölzer sind vor allem Buche, Eiche, Esche. Birke und Lärche werden den mittelharten Holzarten zugeordnet.

Vom Baum zum Brett

Nach dem Fällen des Baumes wird dieser noch im Wald ausgeformt, es werden alle Äste und die Krone entfernt. Anschließend wird der Stamm in das Sägewerk transportiert und in die benötigten Kanthölzer, Balken, Bretter und Bohlen geschnitten. Das erfolgt in einer speziellen Sägemaschine, der Gattersäge. Frisch gesägtes Holz hat einen

Feuchtigkeitsgehalt von etwa 30 %. Das ist auch die Ursache für die Formänderung des Holzes während der Trocknung, das **Schwinden**.

> Holz schwindet beim Trocknen und verändert dabei oft seine Form. Nimmt es Feuchtigkeit auf, sprechen wir vom Quellen.

Damit Holz in der Industrie verarbeitet werden kann, muss es getrocknet werden. In speziellen Trockenkammern wird dem Holz bei einer Temperatur von 60 bis 70 °C ein großer Teil der Feuchtigkeit entzogen.

> **1** Erarbeite einen Steckbrief zu einer heimischen Baumart. Stelle Blattform, Frucht, Merkmale des Holzes und seine Anwendung deinen Mitschülern vor.

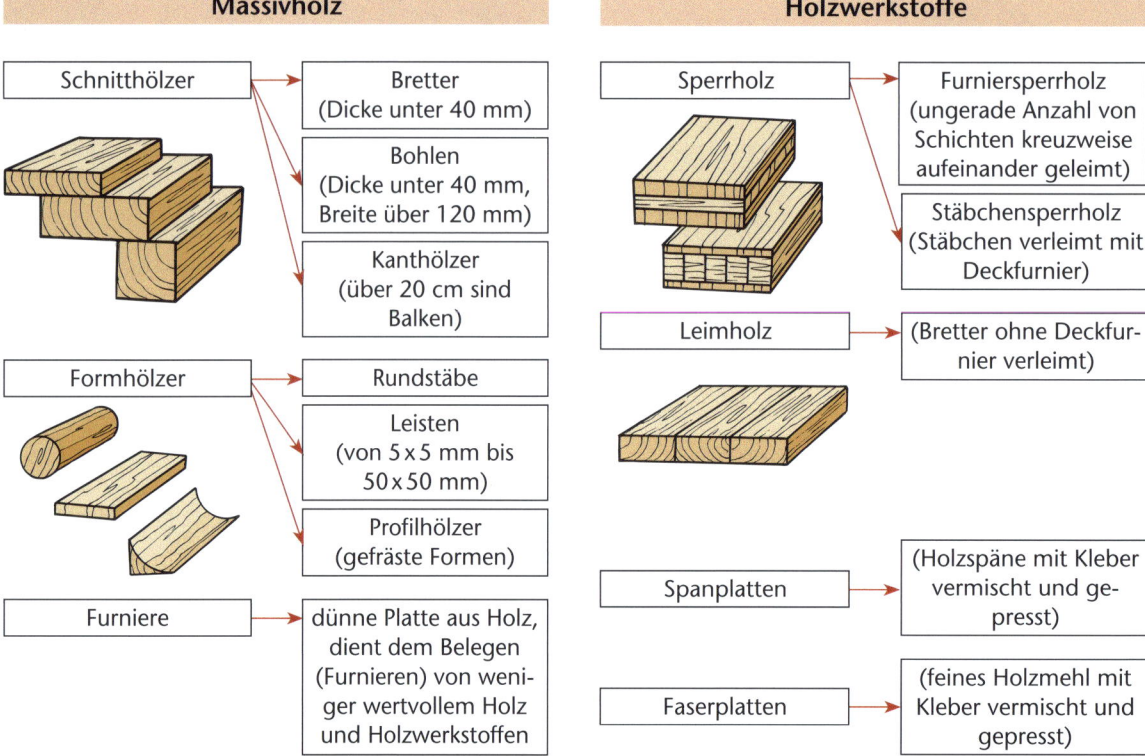

Massivholz	Holzwerkstoffe

Massivholz

Schnitthölzer →
- Bretter (Dicke unter 40 mm)
- Bohlen (Dicke unter 40 mm, Breite über 120 mm)
- Kanthölzer (über 20 cm sind Balken)

Formhölzer →
- Rundstäbe
- Leisten (von 5 x 5 mm bis 50 x 50 mm)
- Profilhölzer (gefräste Formen)

Furniere →
- dünne Platte aus Holz, dient dem Belegen (Furnieren) von weniger wertvollem Holz und Holzwerkstoffen

Holzwerkstoffe

Sperrholz →
- Furniersperrholz (ungerade Anzahl von Schichten kreuzweise aufeinander geleimt)
- Stäbchensperrholz (Stäbchen verleimt mit Deckfurnier)

Leimholz →
- (Bretter ohne Deckfurnier verleimt)

Spanplatten →
- (Holzspäne mit Kleber vermischt und gepresst)

Faserplatten →
- (feines Holzmehl mit Kleber vermischt und gepresst)

Übersicht über Holz und Holzwerkstoffe

Holzwerkstoffe

Es gibt viele verschiedene Holzarten und Holzwerkstoffe.

Schnittholz hat im Vergleich zu seinem Gewicht eine hohe Festigkeit. Das ursprüngliche Aussehen des Baumstammes bleibt erhalten. Es sieht daher gut aus, verändert aber seine Farbe im Verlauf des Alterungsprozesses. Der Wassergehalt des Schnittholzes ist sehr hoch. Deshalb muss es trocknen, bevor es zum Bau von Holzhäusern, Dachstühlen, Gartenlauben und vielem anderen verwendet werden kann.

Furniere sind dünne Vollholzschichten mit einer Dicke von nur 0,5 bis 1 mm. Sie werden in der Möbelindustrie auf andere Holzwerkstoffe, wie beispielsweise Spanplatten, aufgeleimt. Dadurch sieht das Möbelstück sehr gut aus, man benötigt aber von edlen und damit teuren Hölzern nur wenig.

Spanplatten werden aus Holzspänen hergestellt. Sie sind damit vergleichsweise preiswert, aber nicht sehr stabil. Durch den zugefügten Kleber und das starke Pressen sind sie viel schwerer als Schnittholz. Außer zum Bau von Möbeln werden Spanplatten auch zum Innenausbau genutzt.

Sperrholz wird durch kreuzweise verleimte Holzschichten hergestellt. Es kann vielfältig eingesetzt werden, da durch die verleimten Schichten das Quellen und Schwinden (Arbeiten) des Holzes eingeschränkt wird.

Aus *Leimholz* hergestellte Möbel bestehen aus massivem Holz, sie sind sehr stabil, aber nicht so teuer, da schmale Bretter genutzt werden können.

Faserplatten können mit Deckfolien versehen werden und dienen oft als Schrankrückwände.

Inzwischen gibt es weitere Holzwerkstoffe aus Fasern, die sehr feuchtigkeitsbeständig sind und sich nicht verziehen. Wenn neue Holzwerkstoffe entwickelt werden, geht es immer darum, die guten Eigenschaften des Holzes, wie Aussehen und Luftdurchlässigkeit, zu erhalten. Schlechte Eigenschaften, wie die geringe Feuchtigkeitsbeständigkeit und hohe Kosten, sollen ausgeglichen werden.

Holzwerkstoffe gesammelt und sortiert

Wir legen eine Holzwerkstoffsammlung an

Fast jeder sammelt etwas. Der eine Briefmarken, die andere Figuren oder Sammelbilder. Auch Forscher sammeln: Pflanzen, Mineralien, Knochen, Tiere – eigentlich alles, was in der Natur zu finden ist. In das Durcheinander der gesammelten Stücke muss Ordnung gebracht werden. Man möchte wissen, was zusammengehört und wie die Stücke heißen. Die Sammelbilder zum Beispiel werden nach Serien sortiert und in Alben geklebt.

Wir wollen eine Sammlung verschiedener Holzwerkstoffe zusammenstellen. Die Merkmale der Werkstoffe sollen das Ordnen erleichtern und auch anderen Lerngruppen Informationen liefern. Die Eigenschaften der Holzwerkstoffe könnt ihr durch Experimente näher bestimmen. Arbeitet nach folgender Schrittfolge:

Sammelt Holzwerkstoffe (z. B. in Baumarkt, Tischlerei nach Resten fragen).

Tragt in Gruppen die Holzwerkstoffe zusammen, nehmt eine Vorsortierung vor.

Beschriftet Kärtchen mit den wichtigsten Holzwerkstoffen, die ihr gefunden habt.

Untersucht noch nicht zugeordnete Werkstoffe genauer (z. B. Sägeschnitt, Verhalten des Werkstoffes bei Feuchtigkeit).

Stellt die Werkstoffsammlung euren Mitschülern vor.

Ohne Transportmittel geht es nicht

In einer Möbelfirma

Am Girls-Day hat Lydia die Firma ihres Vaters besucht. Er arbeitet in einer Fabrik, die Badmöbel herstellt. Lydia berichtet:

Auf dem Hof steht ein Lkw. Er liefert große beschichtete Spanplatten an. Ein Gabelstapler transportiert sie in die Werkhalle. Riesige, sehr laute Maschinen zersägen die Spanplatten. Dabei liegen immer mehrere Platten übereinander. Das spart Zeit. Der Arbeiter, der den Arbeitsgang überwacht, trägt Gehörschutz.

Auf die entstandenen Schnittkanten wird Kunststoffband aufgeleimt. So sehen die Möbelteile gut aus und halten auch länger. Die beim Sägen anfallenden Späne werden direkt an der Maschine abgesaugt und über Rohrleitungen in einen großen Behälter befördert. So belasten sie die Luft in der Werkhalle nicht. Bei Bedarf werden die Späne in einem Spezialofen verbrannt und dienen so zur Warmwasserbereitung und zum Heizen.

In die beschichteten Möbelteile werden als nächstes Löcher für die Dübel gebohrt. Dazu laufen die Platten über Rollbahnen. Das geht ziemlich schnell und niemand muss die schweren Möbelteile tragen. Erst am Ende der Rollbahn nimmt

ein Arbeiter die nun fast fertigen Schrankteile herunter und stapelt sie auf Paletten. Mithilfe eines Gabelstaplers gelangen die Paletten zur Verpackungsabteilung.

Die Mitarbeiter an der Verpackungsanlage legen alle Teile, die zu einem Schrank gehören, in einen Karton. Ein Beutel mit den Verbindungselementen, wie Schrauben und Dübel, sowie eine Aufbauanleitung kommen ebenfalls mit in das Paket. Manchmal werden die Schränke auch fertig montiert und erst anschließend verpackt. Das ist immer dann der Fall, wenn sie nicht sehr groß sind oder Spiegel und Lampen angebracht werden müssen. Die Elektroinstallation muss auf jeden Fall ein Fachmann übernehmen. Es wäre zu gefährlich, sie selbst zu versuchen, denn fehlerhafte Anschlüsse können zu Unfällen oder Bränden führen.

Am Ende der Verpackungsanlage klebt eine Mitarbeiterin auf jeden Karton ein Etikett. Das Etikett enthält einen Strichcode, genau wie die Lebensmittel im Supermarkt. Mithilfe von Gabelstaplern und Kränen gelangt das Paket in ein Hochregallager. Dank des gespeicherten Strichcodes weiß ein Computer genau, wo es liegt. Wenn ein Möbelhaus Schränke bestellt, werden

Aufbauhinweise • *Prospektabbildung* • *Montageabbildung*

die entsprechenden Kartons aus dem Hochregal geholt und auf einen LKW verladen.

Aufbauanleitungen verstehen

Einen Schrank kannst du im Möbelhaus kaufen. Aufgebaut wird er meistens in der Wohnung. Dazu brauchst du die Montageanleitung. Sie enthält eine Liste der mitgelieferten Kleinteile, wie beispielsweise Griffe, Schrauben, Dübel, Bodenhalter und Scharniere. Außerdem findest du Hinweise, welches Werkzeug zum Aufbau vorhanden sein muss, wie viele Personen nötig sind und was besonders beachtet werden muss.

Eine Montagezeichnung zeigt die Anordnung der Einzelteile. Sicher hast du schon einmal bei Spielzeug Montagezeichnungen gesehen. Meist handelt es sich um räumliche Darstellungen. So kannst du zwei oder sogar drei Seiten gleichzeitig sehen. Du erhältst eine gute Vorstellung, wie die Teile zusammengebaut werden müssen. Den gesamten Aufbau mit Text zu beschreiben, wäre viel zu kompliziert. Die Zeichnung hat außerdem den Vorteil, dass sie auch im Ausland problemlos verstanden wird. Mit etwas Vorstellungsvermögen und Übung kannst auch du die Montageanleitung für einen Schrank oder ein anderes Möbelstück lesen. Wenn die Familie den Schrank selbst aufbaut, ist es nicht nötig, dass ein Monteur des Möbelhauses den Aufbau übernimmt, und ihr könnt Geld sparen.

1 Beschreibe den Weg des Holzes vom Baum zum Brett. Betrachte dazu Seite 33 und lies den Text auf Seite 34/35.

2 Nenne Berufe, die beteiligt sind, bis der Schrank in deiner Wohnung steht.

3 Beschreibe, wie sich die Arbeit des Tischlers durch moderne Technik verändert hat.

4 Erkläre die Bedeutung der Bilder zum Verhalten beim Aufbau des Schrankes in der Abbildung oben.

5 Betrachte die Montagezeichnung oben. Nenne Beispiele, wozu Montagezeichnungen benötigt werden.

6 Beantworte folgende Fragen zum oben abgebildeten Schrank.
- Aus wie vielen Teilen besteht er insgesamt?
- Aus wie vielen verschiedenen Teilen besteht er?
- Wie könnten die Teile bezeichnet werden?
- Welche Teile sind in der Zeichnung nicht dargestellt? Vergleiche Montagezeichnung und Foto aus dem Prospekt.

7 Sammelt Aufbauanleitungen. Welche Informationen liefern sie?

Wir planen ein Produkt aus Holz

Lotta hat vorgeschlagen, den Kindern aus dem Kindergarten bei ihrem nächsten Besuch in der Schule eine Seilbahn zu schenken. So können sie sehen, was in der Schule gelernt wird. Die Klasse 6a hat zugestimmt und sich entschieden, die Gondel für die Seilbahn zu fertigen. Die Schüler der 8c bauen die Berg- und Talstation.

Mit einer Seilbahn werden vorwiegend Personen befördert. Meist sieht man Bilder mit Wintersportlern, die mit der Seilbahn auf die Berge fahren. Aber auch Waren wie Speisen und Getränke müssen transportiert werden. Sicher sind einige von euch schon einmal mit einer Seilbahn gefahren.

Der Lehrer hat zwei Modelle einer Gondel als Muster vorgestellt. So wird deutlich, wie eine Spielzeuggondel aussehen kann.

Verschiedene Formen und Gestaltungen von Gondeln könnt ihr euch auch im Internet, in Büchern oder in Spielzeugläden ansehen. Bei der Wahl des geeigneten Modells ist zu beachten:

1. Die Herstellung muss so einfach sein, dass ihr es mit euren Mitteln und Fähigkeiten realisieren könnt.

2. Die verwendeten Materialien und Hilfsstoffe sowie die Verfahren zur Herstellung des Produktes müssen umweltverträglich sein.

3. Es sollte sparsam mit Material umgegangen werden.

Mithilfe der Methode des Brainstorming (siehe die Abbildung auf der Seite gegenüber), könnt ihr herausfinden, was euch bei der Herstellung eures Werkstücks wirklich wichtig ist.

Bevor die Arbeit beginnt

Die Herstellung eines Produktes muss sorgfältig geplant werden. Bevor wir mit der Arbeit beginnen, ist deshalb eine Reihe von Überlegungen notwendig. Diese Überlegungen werden so oder ähnlich auch in der Fertigung einer Werkstatt oder einer Fabrik angestellt.

- Aus welchem Material soll unser Werkstück bestehen?
- Stehen die notwendigen Werkzeuge und Maschinen zur Verfügung?
- Welche Größe soll die Gondel haben?
- Wie viele Schüler bauen an einer Gondel oder baut jeder seine eigene Gondel?

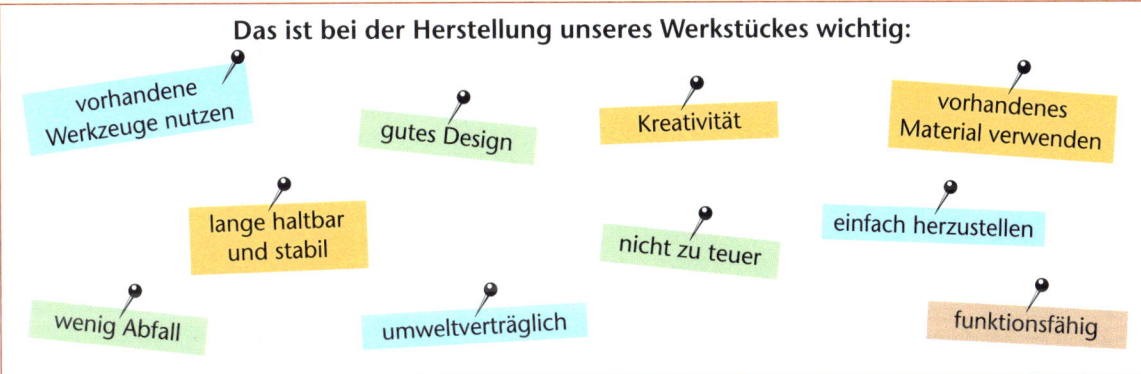

Das ist bei der Herstellung unseres Werkstückes wichtig:

vorhandene Werkzeuge nutzen

gutes Design

Kreativität

vorhandenes Material verwenden

lange haltbar und stabil

nicht zu teuer

einfach herzustellen

wenig Abfall

umweltverträglich

funktionsfähig

Ideensammlung mit Brainstorming

Metall	Kunststoff	Textilien	Holz
Kupfer	Acrylglas	Seide	Sperrholz
Stahl	Styropor	Baumwolle	Spanplatten
Silber		Schafwolle	Leisten
Aluminium		Gewebe aus Kunstfaser	

Werkstoffe zur Auswahl

- Welche Einzelteile müssen wir kaufen?
- Welche Fertigungsverfahren sind zur Herstellung notwendig?

> Bevor ein Produkt hergestellt wird, muss das Material festgelegt werden, Werkzeuge und Maschinen müssen vorhanden sein, und die entstehenden Kosten müssen berechnet werden.

Den Werkstoff auswählen

Als Erstes überlegen wir, welcher Werkstoff geeignet ist. Auch hier können wir die Methode des Brainstorming einsetzen. Schreibt Werkstoffe für eure Gondel auf eine Karte. Anschließend werden die Karten verglichen, geordnet und an die Tafel geheftet. Gemeinsam wird beraten, welche Werkstoffe sich besonders gut für den Bau der Gondel eignen. Bei der Entscheidung hilft euch auch die Übersicht, die ihr in Aufgabe 1 erstellt.

Die Größe planen

Achte darauf, dass die vorgegebenen Maße für die Seilbahn eingehalten werden. Die Größe wird durch die Gegenstände bestimmt, die transportiert werden sollen, beispielsweise kleine Puppen aus dem Kindergarten.
Fertige Skizzen von den Einzelteilen und der vollständigen Seilbahn an. Informiere dich dazu auf der folgenden Seite.

1 Wähle Werkstoffe und Eigenschaften aus. Stelle sie in einer Tabelle zusammen. Nutze die Ergebnisse für deine Entscheidung, welcher Werkstoff eingesetzt wird.

2 Erkläre, warum für die Bodenplatte und das Dach der abgebildeten Gondel Sperrholz verwendet wurde. Vergleiche dabei Sperrholz mit Vollholz.

3 Fertige die Zeichnungen mit dem Computer an.

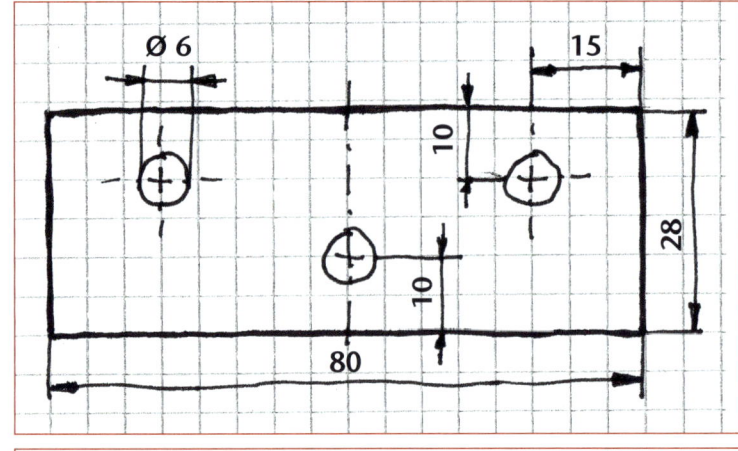

Technische Skizze des Laufwerks

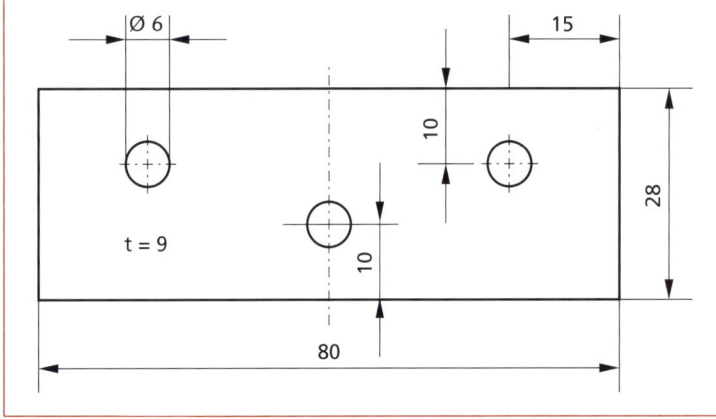

Technische Zeichnung des Laufwerks

Technische Skizzen anfertigen und lesen

Damit wir alle eine einheitliche Arbeitsgrundlage haben, benötigen wir zur Herstellung unseres Werkstückes eine technische Skizze oder eine Zeichnung.
Auch in der industriellen Produktion sind Skizzen und Zeichnungen eine wichtige Arbeitsgrundlage. Jeder muss eine technische Skizze oder Zeichnung lesen und verstehen können.
Die *technische Skizze* entsteht mithilfe eines Stiftes und ohne weitere Hilfsmittel.

> Technische Skizzen werden ohne Zeichenhilfsmittel freihändig erstellt. Es müssen Grundnormen beachtet werden.

Die *technische Zeichnung* muss klar und eindeutig lesbar, sauber und maßgenau gezeichnet sein. Sie wird mit Lineal und anderen Hilfsmitteln an-

gefertigt. Damit auch andere unsere Skizze lesen und verstehen können, müssen wir bestimmte Grundnormen einhalten.

Grundnormen

Linienarten und Linienbreiten: Die wichtigsten Darstellungselemente in technischen Skizzen und Zeichnungen sind die Linien.
Bemaßungsregeln: Damit dein Werkstück in guter Qualität und maßgenau entstehen kann, sind Maßangaben notwendig. Es sind einige Regeln zu beachten, informiere dich auf Seite 44 und 45.
Normschrift: Schriftfeld und Stücklisten werden mit Bleistift in Blockschrift ausgefüllt. Sie ermöglicht eine gute Lesbarkeit der Informationen.

> Bei technischen Darstellungen sind Grundnormen einzuhalten. Dazu gehören Linienarten, Linienbreiten, Bemaßungsregeln und Normschrift.

Linienart	Linienbreite	Darstellung	Anwendung
Volllinie, breit	0,7	———————	Sichtbare Körperkanten
Volllinie, schmal	0,35	———————	Maßlinie, Maßhilfslinien, Schraffuren, kurze Mittellinien, Biegelinien
Freihandlinie, schmal	0,35	⌇⌇⌇	Begrenzung von unterbrochenen Darstellungen
Strichlinie, schmal	0,35	-------------	Verdeckte Körperkanten
Strichpunkt-Linie, schmal	0,35	—·—·—·—	Mittellinien, Symmetrielinien, Teilkreise für Löcher

Normschrift: nach DIN 6776

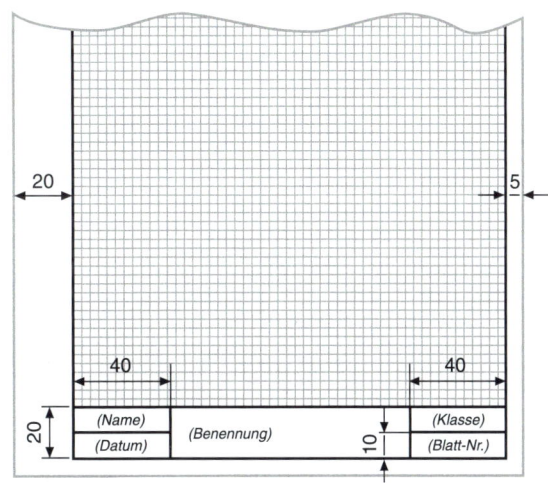

Skizzenblatt mit Schriftfeld

Maßstäbe

Je nachdem, wie groß ihr die Gondel bauen möchtet, werdet ihr feststellen, dass sie mit den von euch festgelegten Maßen nicht auf euer Zeichenblatt passt. Dann kann ein Verkleinerungsmaßstab gewählt werden. Zum Beispiel bedeutet der Maßstab M 1 : 2, dass 1 mm in deiner Zeichnung 2 mm am Werkstück entspricht. Sollen umgekehrt sehr kleine Werkstücke gezeichnet werden, verwenden wir den Vergrößerungsmaßstab 2 : 1. Hier entspricht 1 cm am Werkstück 2 cm in der Zeichnung. In der Praxis gibt es noch eine Reihe anderer Maßstäbe, wie z. B. im Kasten zu sehen ist.

Beim Verkleinerungsmaßstab werden die Abmessungen im angegebenen Verhältnis zeichnerisch verkleinert und beim Vergrößerungsmaßstab zeichnerisch vergrößert dargestellt.

Vergrößerungsmaßstäbe werden angewendet, wenn sehr kleine Gegenstände gezeichnet werden sollen, z. B. Schrauben oder Einzelteile für Spiele.

Natürlicher Maßstab			1 : 1
Vergrößerungsmaßstab	2 : 1	5 : 1	10 : 1
Verkleinerungsmaßstab	1 : 2	1 : 5	1 : 10
	oder z. B. 1 : 25000 bei Wanderkarten		

1 Nenne die Merkmale einer technischen Skizze.

2 Erkläre, warum alle technischen Zeichnungen nach den gleichen Grundnormen angefertigt werden.

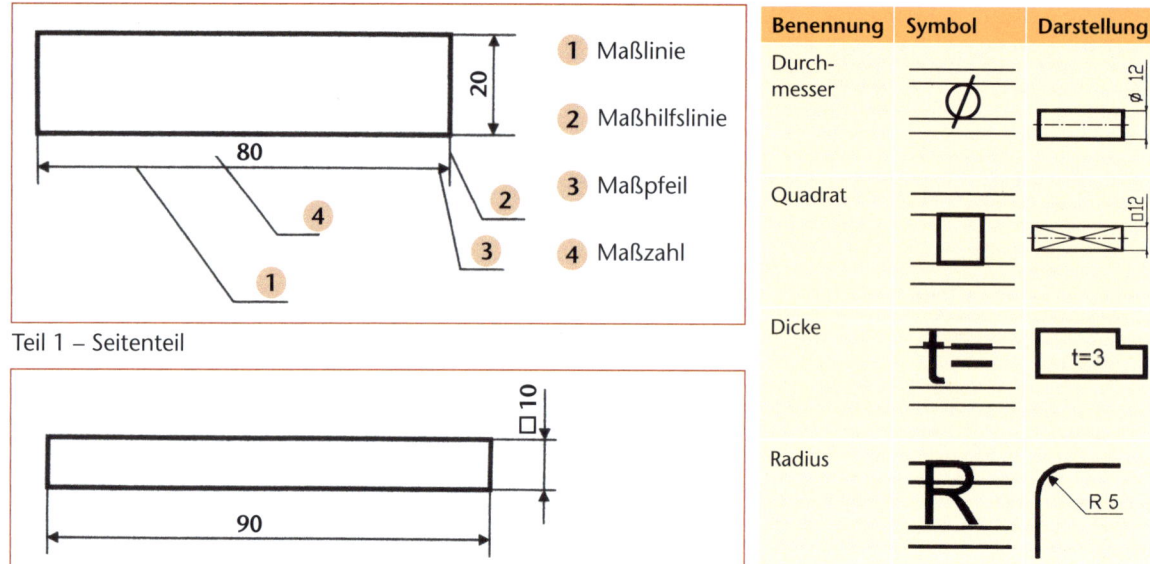

Teil 1 – Seitenteil

Teil 2 – Stütze

Elemente der Maßeintragung

Benennung	Symbol	Darstellung
Durch-messer	∅	∅ 12
Quadrat	☐	☐12
Dicke	t=	t=3
Radius	R	R 5

Die Maßeintragung

Obwohl alle Schüler das gleiche Produkt herstellen, hat jeder seine eigenen Maßvorstellungen. Ohne Bemaßung ist zwar die Form des Werkstückes erkennbar, die Herstellung aber nicht möglich. Damit alle ein gleich großes Werkstück herstellen, muss es bemaßt sein. Hierfür müssen wir die Grundnormen der Bemaßungsregeln anwenden. Die Bemaßung setzt sich aus vier Elementen zusammen:

- Maßlinie
- Maßhilfslinie
- Maßlinienbegrenzung
- Maßzahl

Maßlinien sind schmale Volllinien. Sie geben die Maßlänge an und verlaufen parallel zur Körperkante in einem Abstand von zehn Millimetern.

Maßhilfslinien sind schmale Volllinien. Sie werden meistens als Verlängerung der Körperkanten dargestellt. Diese ragen etwa zwei Millimeter über die Maßlinie hinaus.

Es gibt drei unterschiedliche Maßlinienbegrenzungen: den Maßpfeil, den Maßstrich und den Maßpunkt. Für selbst erstellte Skizzen und Zeichnungen wird im Maschinenbauzeichnen der ge-

schlossene und ausgefüllte Maßpfeil verwendet. Dieser wird zwischen den Maßhilfslinien angetragen. Bei Platzmangel können die Maßpfeile auch von außen angetragen werden. Maßzahlen und Maßpfeile werden mit weichem Bleistift gezeichnet. Die Maßzahl steht etwa einen Millimeter über der Maßlinie.

Innerhalb der Zeichnung muss die Maßzahl von unten oder von rechts lesbar sein. Maße werden bei Zeichnungen und Skizzen im Maschinenbau grundsätzlich in Millimeter (mm) angegeben. Es ist dann nicht mehr nötig, die Einheit hinter die Maßzahl zu schreiben. Eine Verwechslung mit Zentimeter (cm) ist nicht möglich.

Kennzeichnungen der Form wie z.B. *R* für den Radius oder ☐ für Quadrat stehen grundsätzlich vor der Maßzahl. Vergleiche dazu die Bemaßung der Stütze auf Seite 44 oben.

Weitere Regeln:
- Jedes Maß darf nur einmal angetragen werden,
- Bemaßungen an verdeckten Körperkanten sollen vermieden werden,
- Maß- und Maßhilfslinien sollen keine anderen Maßlinien schneiden.

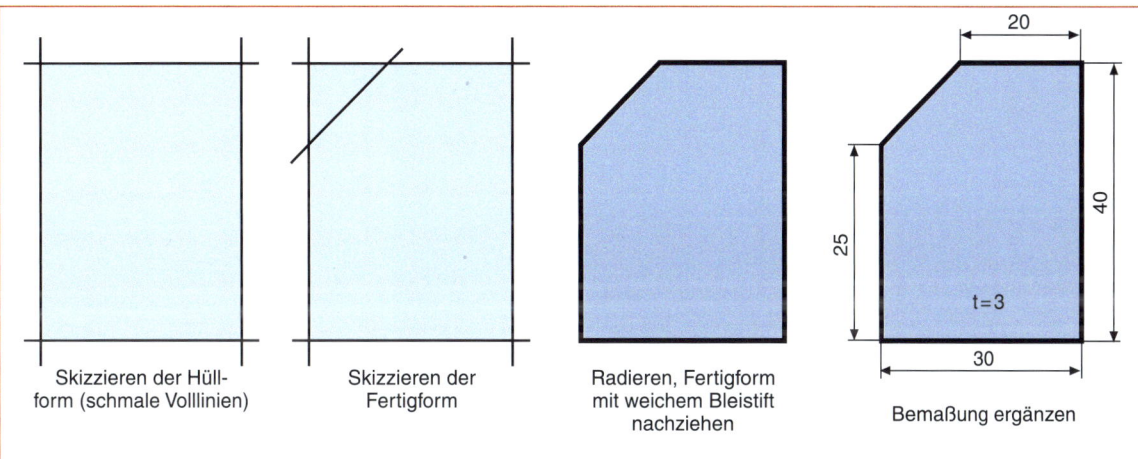

| Skizzieren der Hüll-form (schmale Volllinien) | Skizzieren der Fertigform | Radieren, Fertigform mit weichem Bleistift nachziehen | Bemaßung ergänzen |

Arbeitsschritte beim Darstellen flacher Werkstücke

> Die Maßeintragung gibt die genaue Größe eines Werkstückes und seiner Teilformen an. Regeln gewährleisten die eindeutige Zuordnung und Lesbarkeit der Maßzahlen.

Mithilfe der auf Seite 44 dargestellten Zeichen werden Formen der bemaßten Werkstücke näher beschrieben. Deshalb spricht man auch von Formkennzeichen.

Mithilfe dieser Zeichen können weitere Darstellungen bzw. Ansichten von Körpern eingespart werden. Das Zeichen □ vor der Zahl 10 an der Stütze auf Seite 44 sagt uns, dass die Stütze einen quadratischen Querschnitt mit einer Seitenlänge von 10 mm hat.

Die Dicke der Bodenplatte unserer Gondel wird mit t (engl.: *thick*) angegeben. So müssen nur die Länge und die Breite der Bodenplatte bemaßt werden, vgl. auch S. 46 in der Stückliste.

Damit unsere technische Skizze oder Zeichnung sauber und richtig angefertigt werden kann, sind neben ordentlichen Arbeitsmitteln die richtigen Schrittfolgen beim Skizzieren und Zeichnen wichtig.

Zuerst müssen wir unser Blatt einteilen, um eine Darstellung in der Blattmitte abzubilden.

Schmale Linien helfen uns dabei.

Anschließend zeichnen wir die Hüllform des Werkstückes mit schmalen Volllinien. Überflüssige Linien werden radiert. Nach einer abschlie-

ßenden Prüfung und Nachmessen der Linien können alle sichtbaren Körperkanten sauber mit einem weichen Stift nachgezeichnet werden. So entsteht aus der schmalen Volllinie beim Vorzeichnen eine breite Volllinie.

Anschließend ergänzt du die Bemaßung entsprechend den Bemaßungsregeln.

Zum Schluss wird das Schriftfeld ausgefüllt.

> Die Einhaltung einer sinnvollen Schrittfolge beim Skizzieren und Zeichnen ist für das Gelingen der Darstellung wichtig.

Achte immer darauf, dass du die richtigen Geräte und Hilfsmittel zum Zeichnen hast. Das sind beispielsweise ein gut gespitzter harter und weicher Bleistift, Radiergummi, Lineal, Dreiecke und ein Zirkel. Kreisschablonen sind zum Zeichnen kleiner Kreise von Vorteil. Nutze zum Skizzieren oder Zeichnen immer eine glatte, ebene Unterlage.

1 Nenne die vier Bemaßungselemente und je eine Regel, die bei der Maßantragung beachtet werden muss.

2 Schreibe die wichtigsten Schritte zur Erstellung einer Skizze oder Zeichnung in deinen Hefter.

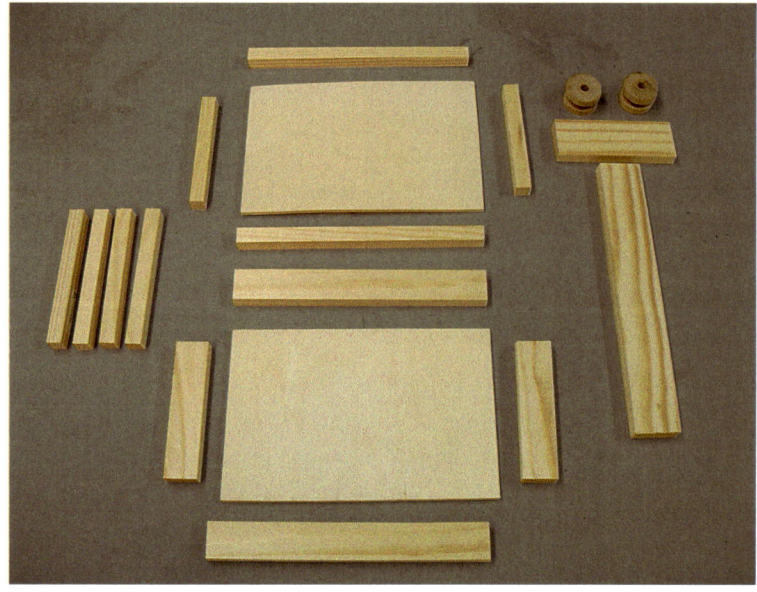 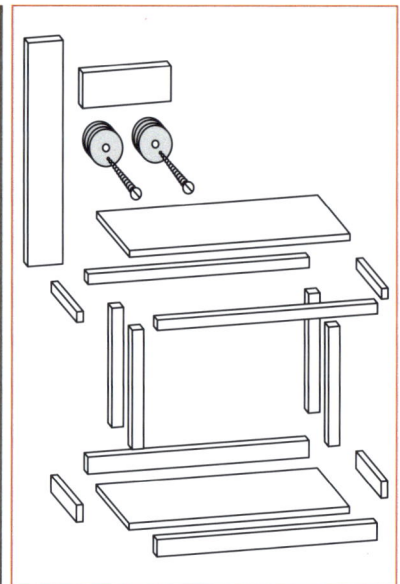

Einzelteile der Gondel

Nummer	Benennung der Einzelteile	Stück	Werkstoff	Maße
1	Bodenplatte der Kabine	1	Sperrholz	160 x 100 4 dick
2	Seitenplanken lang	2	Holz	10 x 20 x 160
3	Seitenplanken kurz	2	Holz	10 x 20 x 80
4	Eckstützen	4	Holz	10 x 10 x 90
5	Dach	1	Sperrholz	160 x 100 4 dick
6	Seitenstreben für das Dach – lang	2	Holz	10 x 10 x 160
7	Seitenstreben für das Dach – kurz	2	Holz	10 x 10 x 80
8	Tragebügel	1	Holz	10 x 25 x 180
9	Laufwerk für die Laufrollen	1	Holz	10 x 25 x 80
10	Zylinderschraube mit Kreuzschlitz	2	Stahl	M4 x 35
11	Zylinderschraube mit Kreuzschlitz	1	Stahl	M4 x 25
12	Unterlegscheiben	6	Stahl	M4
13	Seilrollen	2/3	Holz/Kunststoff	Durchmesser 25–35 mm

Stückliste für die Gondel

Die Arbeitsvorbereitung

Die Stückliste

Werden Produkte, wie unsere Gondel, aus mehreren Teilen zusammengebaut, muss vor Beginn der Arbeit genau überlegt werden, welche Teile benötigt werden. Auch die Anzahl der Teile, der Werkstoff, aus dem die Teile bestehen, und die

Maße sind wichtig. Das wird zur besseren Übersicht in eine Stückliste eingetragen.

Die Stückliste ist hilfreich
- für den Einkauf der Materialien,
- für die Organisation der Arbeiten, wer welches Werkstück herstellt.

Einzelteile der Gondel

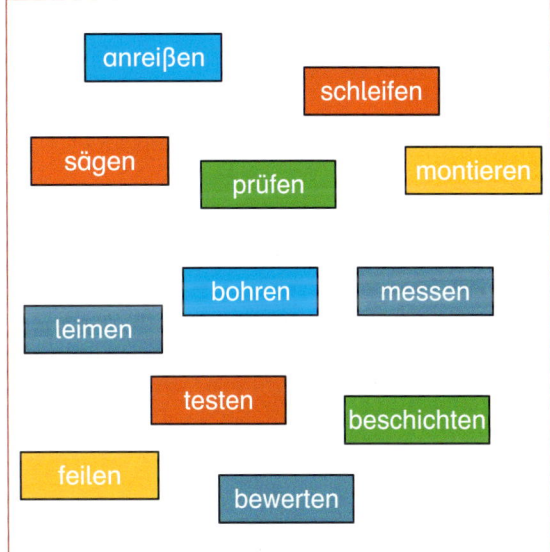

Tätigkeiten zum Herstellen der Gondel

Nr.	Arbeitsgang	Werkzeuge/Maschinen/Hilfsmittel	Hinweise
1	Länge anreißen	Anschlagwinkel, Gliedermaßstab, Bleistift	
2	Sägen	Feinsäge oder Fuchsschwanz	Werkstück einspannen
3	Schleifen	Schleifklotz/Schleifpapier	feinkörnig
4	Messen und prüfen	Gliedermaßstab, Anschlagwinkel	

Arbeitsablaufplan für eine Seitenplanke der Gondel

Arbeitsablaufplanung

Damit wir bei der Herstellung unseres Werkstückes nicht planlos vorgehen, müssen wir unseren Arbeitsablauf vor Arbeitsbeginn durchdenken. Schließlich sollen keine zusätzlichen Arbeiten anfallen und die Maschinen gut ausgelastet werden. Dazu werden zunächst alle notwendigen Arbeitsschritte ermittelt. Anschließend müssen wir die Arbeitsschritte in eine sinnvolle Reihenfolge ordnen. Damit ist der Arbeitsablaufplan festgelegt, nach dem wir uns bei der Herstellung unseres Werkstückes richten müssen.

> Ein Arbeitsablaufplan beinhaltet die sinnvolle Reihenfolge der Arbeitsschritte zur Herstellung eines Produktes.

Wichtig ist aber auch der Einsatz geeigneter Werkzeuge, Maschinen und Hilfsmittel sowie Hinweise und Sicherheitsregeln. Diese Bestandteile werden im Arbeitsablaufplan mit aufgenommen.

Beachte den richtigen Umgang mit Werkzeugen und Maschinen. So vermeidest du Verletzungen und Ausschuss am Werkstück.

1 Vergleiche technische Skizzen und technische Zeichnungen. Stelle die Unterschiede in einer Tabelle gegenüber.

2 Erstelle einen Arbeitsablaufplan für die Herstellung deines Werkstücks.

3 Begründe, warum die Arbeitsschritte in einer bestimmten Reihenfolge stattfinden müssen.

4 Fertige die Stückliste für das herzustellende Einzelteil mit dem Computer an.

5 Bezeichne die Einzelteile in der Abbildung oben.

Anreißen der Bodenplatte

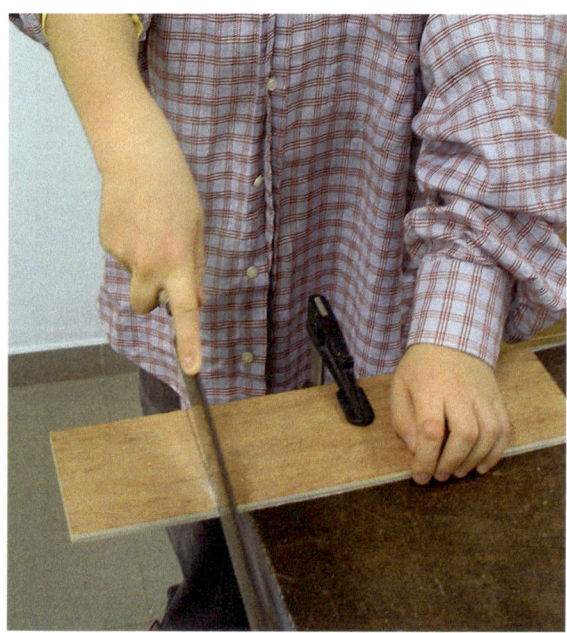
Sägen der Bodenplatte

Das Herstellen der Bodenplatte

Anreißen und Sägen der Bodenplatte

Nachdem alles genau geplant wurde, können wir nun mit dem praktischen Arbeiten beginnen.

Auf dem Arbeitsplatz liegen die Skizze mit den Maßen, die Stückliste und der Arbeitsablaufplan. Sie geben uns alle Informationen, die wir zum Bau der Seilbahngondel benötigen.

Als Erstes wollen wir die Bodenplatte aus Sperrholz herstellen. Vor dem Aussägen muss aber angerissen werden, so wie es im Arbeitsablaufplan steht. Die Lehrerin hat aus einer großen Sperrholzplatte schon Streifen vorbereitet, die so breit sind wie die Bodenplatte. Nun brauchen wir nur noch die Länge anzureißen. Dazu legen wir den Schreinerwinkel mit dem dicken Schenkel an eine gerade Kante, die Bezugskante. Von hier aus wird nun die Länge mithilfe des Gliedermaßstabes auf die Sperrholzplatte übertragen. Nach dem Anreißen wird das Werkstück abgesägt.

> Das Sägen mit der Kreissäge ist aus Sicherheitsgründen nur der Lehrkraft gestattet.

Sägen der Seitenplanken

Für die Seitenplanken der Gondel gibt es fertige Holzleisten, die nur noch auf Länge gesägt werden müssen. Beim Anreißen der Teilstücke auf der Leiste hintereinander muss darauf geachtet werden, dass die Breite der Schnittfuge berücksichtigt wird. Sonst wird das Werkstück kleiner, als es auf der Zeichnung vorgegeben ist. Wird nur ein Werkstück angezeichnet, muss die Risslinie beim Sägen zu sehen sein. Es wird also neben dem Riss im Abfall gesägt.

Wenn du mit dem Sägen beginnst, lege das Sägeblatt leicht an deinen abgewinkelten Daumen. So kann die Säge nicht abrutschen.

Wenn die Säge klemmt

Warum ist die Schnittfuge eigentlich immer breiter als das Sägeblatt? Das liegt daran, das die Sägezähne so geformt sind, dass die Schnittfuge breiter ist als das Sägeblatt. Dadurch kann sich das Sägeblatt frei in der Fuge beim Sägen bewegen. Das heißt, die Säge schneidet sich frei. Kann sie das nicht mehr, da sie abgenutzt ist, klemmt die Säge im Holz. Diese Erfahrung habt ihr sicher alle schon gemacht.

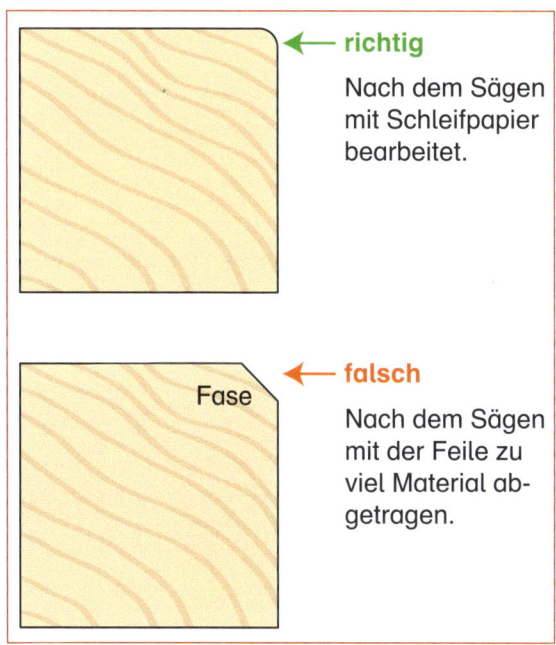

| ← richtig |
| Nach dem Sägen mit Schleifpapier bearbeitet. |

Fase ← falsch

Nach dem Sägen mit der Feile zu viel Material abgetragen.

Richtiges Bearbeiten der Körperkanten

Schleifen mit dem Schleifklotz

Feilen und Schleifen

Marc bemerkt, dass beim Sägen an den Schnittflächen Unebenheiten entstehen und an den Kanten oft kleine Holzspäne ausbrechen, die beseitigt werden müssen. Geschieht das nicht, können Splitter zu Verletzungen führen. Mit der Feile werden die Späne beseitigt und die Fläche geebnet. Arbeite dabei mit leichtem Druck auf die Feile. Prüfe mit dem Schreinerwinkel öfter den Winkel an deinem Werkstück. Spanne das Werkstück fest ein, während du es bearbeitest.

> Nach dem Sägen muss stets geprüft werden, ob die Schnittfläche auch eben und im rechten Winkel ist. Die Körperkanten dürfen nur vorsichtig bearbeitet werden, damit keine Fasen entstehen.

Holz und Holzwerkstoffe haben meistens eine raue Oberfläche. Sie wird auch durch das Bearbeiten, wie Sägen und Feilen, rau. Bei Holz ist das besonders gut sichtbar bei Schnittflächen, die quer zur Faserrichtung verlaufen.
Aber auch bei gehobelten Flächen können mit den Fingern noch Unebenheiten gefühlt werden.

Mit einer Lupe sieht man das noch besser. Diese Unebenheiten hängen auch mit den hellen und dunklen Jahresringen zusammen. Die dunklen Ringe bestehen aus hartem und die hellen Ringe aus weichem Holz.
Zum Schleifen wird das Werkstück wieder eingespannt oder auf eine glatte ebene Unterlage gelegt. Halte das Werkstück beim Schleifen nicht in der Hand.
Durch Schleifen mit feinem Schleifpapier bekommen wir eine glatte Oberfläche.

> • Zum Schleifen wird ein Schleifklotz und Schleifpapier benötigt.
> • Schleife immer in Faserrichtung des Holzes.

1 Erkläre, warum die Schnittfuge breiter sein muss als das Sägeblatt.

2 Begründe, warum zum Schleifen ein Schleifklotz verwendet wird.

3 Finde heraus, warum die dunklen Jahresringe härter als die hellen sind.

Verbinden der Bauteile durch Leimen

Das Laufwerk mit Rädern

Zusammenfügen der Bauteile

Als der Arbeitsablaufplan aufgestellt wurde, haben sich die Schüler für das Leimen als Fügeverfahren entschieden. Holzleim ist einfach zu verarbeiten und stellt eine feste Verbindung her. Beim Nageln oder Schrauben bestünde dagegen die Gefahr, dass das Holz reißt, berichtet Tom. Nur der Tragebügel wird mit zwei Holzschrauben befestigt, da er die ganze Last der Gondel tragen muss.

Leimen

Lege dir alle Teile zum Leimen zurecht. Gehe dann so vor:
- Prüfe, ob die Einzelteile zusammenpassen.
- Achte auf saubere Oberflächen der Leimstellen. Sie müssen frei von Staub und anderen Verunreinigungen sein.
- Trage den Leim auf beide zu verleimenden Flächen mit einem Pinsel oder Spatel gleichmäßig dünn auf.
- Füge die Teile zusammen, drücke sie fest aneinander und sorge dafür, dass sie nicht verrutschen können. Als Hilfsmittel dafür dienen dir Schraubzwingen oder Spannklemmen, mit denen du die Leimstellen bis zum Trockenwerden sicherst.

- Prüfe noch einmal die richtige Lage. Nutze dafür auch den Schreinerwinkel.

Arbeite erst weiter, wenn der Klebstoff richtig ausgehärtet ist.

Leim kann Lösemittel enthalten, die beim Trocknen verdunsten. Sorge aus diesem Grund für frische Luft durch Öffnen der Fenster. Der Leim darf nicht mit den Augen in Berührung kommen.

> Hände und Arbeitsmittel sind gleich nach dem Leimen zu reinigen.

Schrauben

Sollen zwei Bauteile miteinander beweglich verbunden werden, so kann das mithilfe von Maschinenschrauben geschehen. Auf diese Weise befestigen wir die Laufräder am Laufwerk und das Laufwerk am Träger. Die Bohrungen werden angerissen und mit dem Vorstecher kleine Vertiefungen eingebracht. Durch diese Vertiefung kann der Holzbohrer mit seiner Zentrierspitze nicht verrutschen, vergleiche dazu die Abbildung auf der Seite 18 oben. Wähle den Durchmesser des Bohrers so, dass sich die Schraube leicht dreht. Eine Unterlegscheibe sorgt dafür, dass die Räder nicht am Laufwerk reiben.

Prüfen auf Rechtwinkligkeit

Messen mit dem Gliedermaßstab

Prüfen und Messen

Das Prüfen und Messen begleitet die Herstellung des Produktes von Anfang an. Immer wieder müssen wir prüfen oder messen, ob unser Werkstück auch die Form bekommen hat, die es haben soll, und ob die Maße auf der Zeichnung mit den Maßen meines Werkstücks übereinstimmen.

> Beim Prüfen ermitteln wir, ob ein Werkstück die erforderlichen Eigenschaften erfüllt.

Gustav und Paula haben sich daran gehalten, und nun passen auch alle Teile gut zusammen.
Ist das Werkstück fertig, prüfen wir abschließend noch einmal.
- Wir prüfen mit den Augen, ob uns das Werkstück gefällt.
- Bei unserer Gondel prüfen wir mit einem Schreinerwinkel oder einem Flachwinkel die 90°-Winkel der Seiten. Jede Seite der Gondel muss zur angrenzenden Seite im Winkel von 90° stehen.

Mit dem Stahlmaßstab messen wir die Seitenlängen und die Höhe. Am Ende könnt ihr euer Arbeitsergebnis selbst bewerten.

> Beim Messen wird mit einem Messgerät, z. B. dem Stahlmaßstab oder dem Gliedermaßstab, der genaue Ist-Wert in Form eines Zahlenwertes mit einer Einheit ermittelt.

Beschichten

Produkte werden aus unterschiedlichen Gründen beschichtet, siehe auch S. 28, 30, 31. Unsere Gondel wird vor allem deshalb beschichtet, damit sie gut aussieht. Emma schlägt vor, die Gondel mit Wachs zu beschichten. Dadurch bleibt die natürliche Farbe des Holzes sichtbar und die Oberfläche kann gut gesäubert werden.
Vor allem bei Spielzeug sollten die Farben oder Lacke gesundheitlich unbedenklich sein.

---

1 Warum müssen die zu leimenden Flächen frei von Verunreinigungen sein?

2 Was muss beim Umgang mit Leim beachtet werden?

3 Warum sind Prüfen und Messen bei der Herstellung eines Werkstückes wichtig?

4 Entwickle selbstständig Bewertungskriterien für die Gondel.

Finde für jeden Kasten einen weiteren Bewertungspunkt.

Wir fertigen ein Produkt aus Holz

Funktionsfähigkeit

Kann ich das Produkt ohne Probleme dafür verwenden, wofür es hergestellt wurde?
Das bedeutet für die Gondel:

- Kann die Gondel Gegenstände transportieren?
- Drehen sich die Laufräder am Laufwerk?
- ?

Wirtschaftlichkeit

Entsprechen die Herstellungskosten dem Gebrauchswert des Produktes?
Das bedeutet für die Gondel:

- Wie hoch sind die Materialkosten?
- Vergleiche die Materialkosten für die Gondel mit einem ähnlichen Spielzeug im Geschäft.
- ?

Gesamteindruck

Gefällt das Aussehen des Produkts?
Das bedeutet für die Gondel:

- Ist die Form angenehm?
- Ist die Farbgestaltung für Kinder richtig ausgewählt?
- ?

Verarbeitung

Wurde bei der Herstellung sorgfältig gearbeitet?
Das bedeutet für die Gondel:

- Sind die rechten Winkel (90°) eingehalten?
- Stimmen die Maße mit der Zeichnung überein?
- ?

Umweltverträglichkeit

Wird bei der Herstellung, dem Gebrauch und bei der Entsorgung die Umwelt geschont?
Das bedeutet für die Gondel:

- War der Einsatz von Energie sparsam bzw. war die Nutzung elektrischer Energie sparsam?
- Gab es viel Abfall?
- ?

Sicherheit

Ist beim Gebrauch des Produktes durch den Menschen stets die nötige Sicherheit gewährleistet?
Das bedeutet für die Gondel:

- Können sich die Kinder an scharfen Kanten verletzen?
- Können die Laufräder aus dem Seil springen?
- ?

4 Kunststoffe – Werkstoffe unserer Zeit

Du lernst:	Technik verstehen
Technik herstellen	Technik nutzen
Technik bewerten	

Was sind Kunststoffe?

Kunststoffe sind aus dem täglichen Leben nicht mehr wegzudenken. Nicht nur viele unserer Gegenstände, die wir in der Schule benötigen, sind aus Kunststoff. Wir begegnen Kunststoffen in fast allen Lebensbereichen. Einige sind in der Abbildung oben zu sehen.

Kunststoffe sind sehr junge Werkstoffe. Erste Kunststoffe entwickelte man vor etwas mehr als 100 Jahren. Metalle dagegen kannten die Menschen schon vor mehr als 2000 Jahren (s. auch S. 68). Es gibt heute kein Gebiet in der Technik und im täglichen Leben, in dem wir auf diese Werkstoffe verzichten können.

Als Kunststoffe bezeichnet man Werkstoffe, die durch chemische Prozesse künstlich hergestellt werden.

Warum beschäftigen sich die Menschen mit der Entwicklung und Herstellung von Kunststoffen?
- Die natürlichen Rohstoffe der Erde sind begrenzt. In wenigen Jahren werden uns einige schon nicht mehr zur Verfügung stehen.
- Kunststoffe lassen sich oft besser bearbeiten als andere Werkstoffe.
- Kunststoffe haben viele gute Eigenschaften. Sie rosten beispielsweise nicht, so wie Stahl.

Vom Erdöl zum Kunststoff

Heute wird der größte Teil der Kunststoffe aus Erdöl hergestellt. In Chemiebetrieben wird das Erdöl in seine verschiedenen chemischen Bestandteile zerlegt. Einige dieser Bestandteile sind die Ausgangsstoffe zur Herstellung von Kunststoffen (s. auch S. 55 oben).

Die Ausgangsstoffe bestehen aus sehr kleinen Bauteilen, die in chemischen Verfahren zusammengesetzt werden. Vom jeweiligen Verfahren hängt es ab, welcher Kunststoff entsteht.

So werden Kunststoffe für Sportgeräte, wie Ski, Surfbretter oder Fahrradhelme entwickelt. In der Küche finden wir Tassen und Schüsseln aus Kunststoff. Die CD, von der wir Musik hören, ist übrigens auch aus Kunststoff.

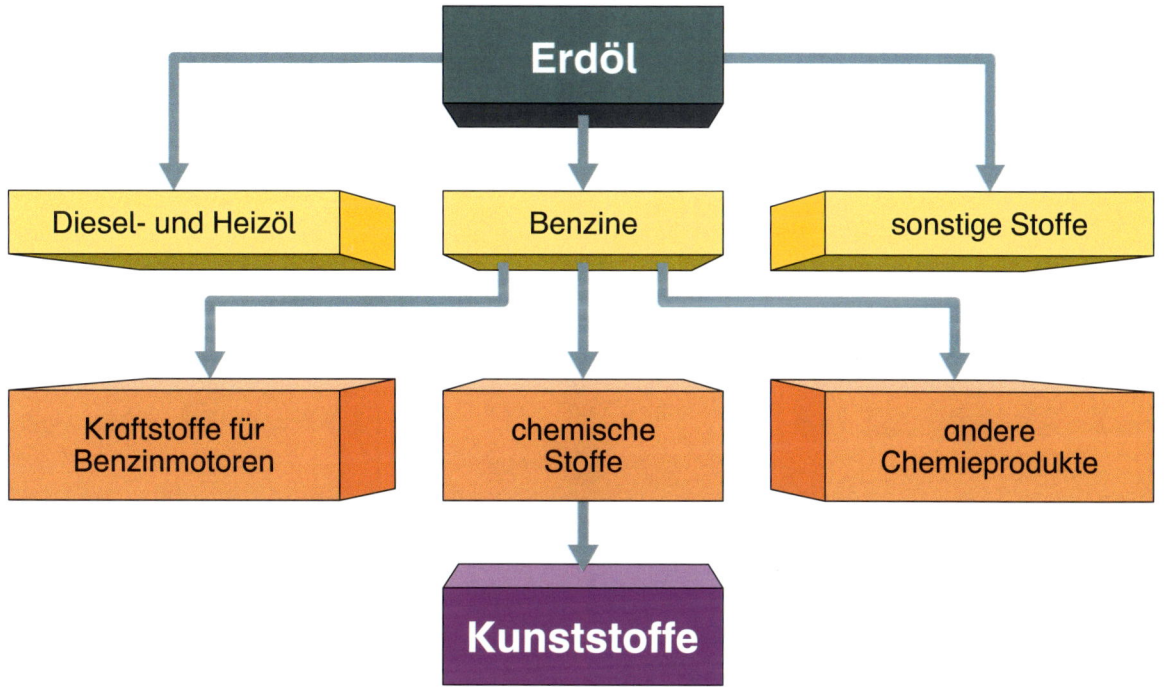

Viele unserer Kleidungsstücke bestehen ebenfalls aus Kunststoff, ohne dass uns das immer bewusst ist. Selbstverständlich tragen wir kein T-Shirt aus Folie. Der Kunststoff wird in Form von Kunstfasern hergestellt, aus denen der Stoff für die T-Shirts gewebt wird. Besonders Regenbekleidung ist oft aus Kunstfasern hergestellt, da sie wasserabweisend sind. Deshalb eignen sich Kunstfasern auch gut für Zelte. Wer möchte beim Zelten, wenn es regnet, schon nass werden?

Kunststoff wird auch für die unterschiedlichsten Verpackungsmaterialien verwendet. Das Pausenbrot ist meistens in einer Dose aus Kunststoff oder einer Plastiktüte eingepackt. Die Gefrierbeutel für den Tiefkühlschrank zum Einfrieren von Fleisch oder Obst sind ebenso aus Kunststoff wie die Mülltüten zur Entsorgung des Hausmülls.

In den letzten Jahrzehnten sind viele Kunststoffarten entwickelt worden, die in alle Lebensbereiche Einzug gehalten haben.

Gute Seiten – schlechte Seiten

Damit manche Kunststoffe weich und elastisch werden, gibt man oft chemische Stoffe hinzu, die gesundheitlich bedenklich sein können. Das kommt vereinzelt in Kunststoffen bei Kinderspielzeug vor. Ihr seht, Kunststoffe haben nicht nur gute Eigenschaften.

Nicht alle Kunststoffe können wieder verwendet werden. Sie kommen auf eine Deponie oder in die Müllverbrennungsanlage. Das ist mit einem hohen technischen Aufwand verbunden, damit giftige Stoffe nicht in die Umwelt gelangen.

Immer mehr neu entwickelte Kunststoffe bestehen daher wieder aus natürlichen Rohstoffen. Sie können am Ende ihres Produktlebens in den Naturkreislauf zurückgeführt werden. Deshalb nennt man sie biologisch abbaubare Werkstoffe.

1 Erkläre, warum die Menschen seit vielen Jahren versuchen, Kunststoffe zu entwickeln und herzustellen.

2 Legt eine Sammlung mit unterschiedlichen Kunststoffen an. Gestaltet damit eine Anschauungstafel.

3 Gestaltet lustige Sachen zum Anziehen, die aus Kunststoffprodukten gefertigt werden können. Organisiert eine Modenschau.

Verformter Joghurtbecher

	Thermoplaste	Duroplaste	Elastomere
Fest	x	x	x
Elastisch	x	–	x
Plastisch	x	–	–

Materialzustand der Kunststoffe

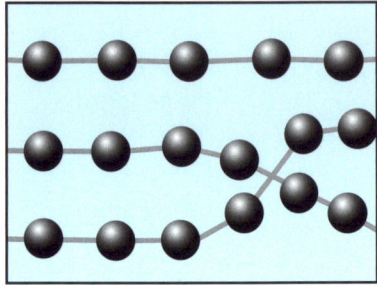
Thermoplaste

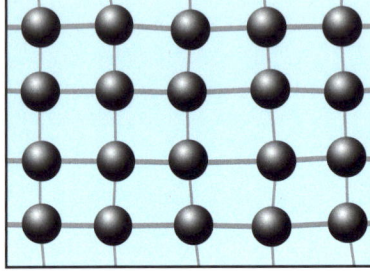
Duroplaste

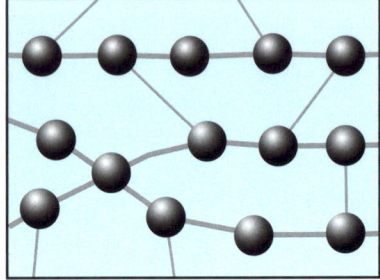
Elastomere

Stoffstrukturen unterscheiden

Kunststoffarten

Es gibt etwa 200 verschiedene Arten von Kunststoffen. Um sie voneinander unterscheiden zu können, werden sie in Thermoplaste, Duroplaste und Elastomere eingeteilt.

Thermoplaste (thermos – warm)

Joghurtbecher sind beispielsweise aus Thermoplasten. Bei Raumtemperatur sind sie im festen Zustand und behalten ihre Form. Sie sind so stabil, dass sie auch gestapelt werden können. Stellen wir den Joghurtbecher auf eine warme Unterlage, so verformt er sich. Der Kunststoff verliert durch Zufuhr von Wärme seine Festigkeit und wird erst elastisch und dann plastisch.

> Elastische Werkstoffe verändern unter Anwendung von Druck ihre Form, gehen aber beim Nachlassen des Drucks in die Ausgangsform zurück.
> Im plastischen Zustand können Werkstoffe umgeformt werden und behalten die gewünschte Form bei.

Der Joghurtbecher oben im Bild ist durch Wärmeeinwirkung unbeabsichtigt verformt worden. Wird er wieder erwärmt, kann er wieder in seine ursprüngliche Form zurückgeführt werden.
Dieser Vorgang kann bei Thermoplasten mehrmals wiederholt werden. Diese Eigenschaft nutzen wir, um in der Schule Gegenstände aus Thermoplasten herzustellen. Beim Umformen ist aber darauf zu achten, dass der Kunststoff nicht zu stark erwärmt wird. Wenn das geschieht, lösen sich die chemischen Verbindungen auf und es riecht meistens sehr unangenehm. Der Kunststoff kann dann nicht mehr verwendet werden. Die richtige Umformtemperatur für Thermoplaste liegt bei etwa 200 °C.

Duroplaste (duro – hart)

Ein typisches Beispiel für Duroplaste ist die Steckdose in der Wand. Der Werkstoff ist hart und lässt ich auch durch Erwärmung nicht verformen. Duroplaste können nur einmal zu einem Gebrauchsgegenstand geformt werden. Deshalb ist er ungeeignet für die Arbeit in der Schule. Er kann aber mit Trennwerkzeugen wie Säge, Feile oder Bohrer bearbeitet werden.

Thermoplaste

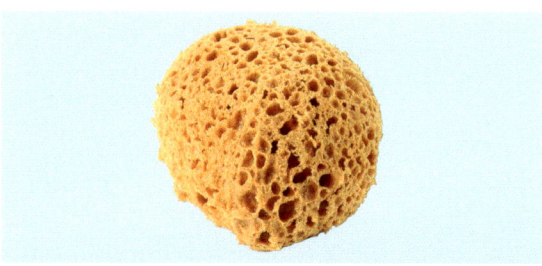

Elastomere

Duroplaste

Spezialkunststoffe (Außenkacheln einer Raumfähre)

Elastomere (elastisch – dehnbar, biegsam)

Schwämme zum Reinigen der Tafel in der Schule oder zum Autowaschen werden aus dieser Kunststoffart hergestellt. Ihre Besonderheit besteht darin, dass sie sehr elastisch sind. Das sieht man beim Schwamm sehr gut. Nach dem Wischen und Auswringen nimmt er immer wieder seine Ausgangsform an. Diese Eigenschaft wird auch bei der Herstellung von Reifen und Schläuchen genutzt.

Die Zuführung von Wärme hat keinen entscheidenden Einfluss auf die Werkstoffeigenschaften. Bei zu hoher Temperatureinwirkung wird der Werkstoff jedoch zerstört.

> Die Einteilung der Kunststoffe erfolgt vorwiegend danach, ob die Werkstoffe bei bestimmten Temperaturen fest, plastisch oder elastisch sind.

Standardkunststoffe

Die etwa 200 verschiedenen Kunststoffarten können auch anders eingeteilt werden.

Die Kunststoffe, die am häufigsten sind, werden als Standardkunststoffe bezeichnet. Dazu gehören 80 Prozent der Kunststoffe, auch die bisher beschriebenen.

Technische Kunststoffe

Technische Kunststoffe sind überwiegend Kunststofflegierungen, also eine Mischung von unterschiedlichen Kunststoffen. Durch die Mischung werden noch bessere Eigenschaften erreicht, wie hohe Festigkeit und Hitzebeständigkeit. Ein Beispiel ist die Beschichtung von Bratpfannen mit Teflon, die verhindert, dass das Essen anbrennt.

Spezialkunststoffe

Spezialkunststoffe leiten beispielsweise elektrischen Strom, was die meisten Kunststoffe nicht können, oder sind widerstandsfähig gegen höchste Temperaturen.

Wissenschaftler versuchen ständig, wichtige Eigenschaften der Kunststoffe für die Zukunft weiter zu verbessern.

1 Finde die Gegenstände aus Kunststoff, die im Text von S. 53–57 genannt sind. Ordne sie in einer Tabelle den Kunststoffarten Thermoplaste, Duroplaste und Elastomere zu.

2 Erkläre die Begriffe plastisch und elastisch und verwende dafür Beispiele von Gegenständen, die nicht aus Kunststoff sind.

Das Verhalten der Kunststoffe bei Wärme untersuchen wir mit einer Wärmeschiene

Das Schwimmverhalten einiger Kunststoffe

Wir untersuchen Eigenschaften der Kunststoffe

Verhalten bei Wärme

Paulas Klasse hatte den Auftrag, Kunststoffabfälle oder nicht mehr gebrauchsfähige Gegenstände aus Kunststoff in den Unterricht mitzubringen. Gemeinsam wollen sie die verschiedenen Kunststoffarten bestimmen.

Um die Kunststoffart zu bestimmen, wird das Verhalten des jeweiligen Gegenstandes bei Wärme untersucht. Die Wärmeschiene aus dem Technikraum ist dafür ein gutes Hilfsmittel, denn Thermoplaste lassen sich bei Erwärmung umformen. Schon nach kurzer Zeit des Erwärmens wird der Kunststoff plastisch und kann dann umgeformt werden. Paulas Klasse hat auf diese Weise herausgefunden, dass die meisten Proben Thermoplaste waren.

> Die meisten Plasteerzeugnisse, die im Haushalt verwendet werden, sind Thermoplaste.

Oft kann man auf den Mülltonnen aus Kunststoff lesen „Bitte keine heiße Asche einfüllen". Das hat zwei Gründe. Durch die Wärme würde sich die Mülltonne verformen oder durch entstehende Löcher unbrauchbar werden. Es könnte auch ein Brand entstehen.

Bestimmen der Dichte

Kunststoff hat eine geringe Dichte. Er ist also leichter als die meisten Metalle. Dadurch leiden aber die Festigkeit und die Härte des Kunststoffs.

> Dichte ist das Verhältnis der Masse eines Stoffes zu seinem Volumen.

Das ist auch einer der Gründe, warum nicht alle Metalle durch Kunststoffe ersetzt werden können. Schneide von verschiedenen Kunststoffen kleine Stücke zwischen drei und vier Zentimetern ab und lege sie einzeln und nacheinander in ein Glas mit Wasser. Am besten geeignet ist ein Becherglas aus dem Chemieraum. Du kannst jetzt beobachten, wie die Kunststoffe sich verhalten. Entweder sie schwimmen, dann sind sie leichter als Wasser, oder sie gehen unter, dann sind sie schwerer als Wasser. Wenn sie ganz langsam untergehen oder schweben, sind sie fast gleich schwer wie das Wasser.

Prüfen der Härte

Versuche, verschiedene Kunststoffe an der Oberfläche einzuritzen. Nimm dazu eine Reißnadel aus Stahl. Achte darauf, dass immer der gleiche Druck ausgeübt wird. Du wirst feststellen, dass die Reißnadel unterschiedlich tief in das Material eindringt.

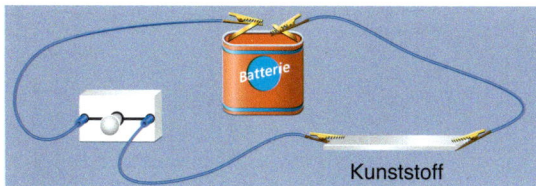

Elektrische Leitfähigkeit von Kunststoff

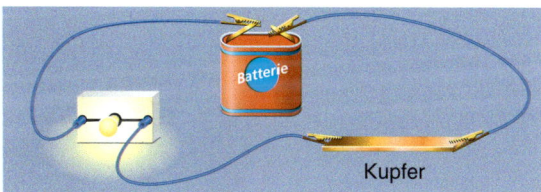

Elektrische Leitfähigkeit von Metall

Thermoplaste	Duroplaste	Elastomere

Eigenschaften von Kunststoffen zuordnen

> Je tiefer die Reißnadel in den Werkstoff eindringt, umso weicher ist der Werkstoff.

Bei der Auswahl der Kunststoffe zum Herstellen von Produkten spielt die Härte eine wichtige Rolle. Das neue Handy sollte nicht durch Kratzer hässlich werden, während Spielzeug für kleine Kinder dagegen weich sein sollte, damit sie sich nicht verletzen. Grundsätzlich sind Kunststoffoberflächen kratzempfindlich.

Beständigkeit gegenüber Korrosion

Im Gegensatz zu anderen Stoffen wie Holz und Metall ist Kunststoff sehr witterungsbeständig und rostet z.B. nicht. Da Kunststoffen oft schon bei der Herstellung Farben zugegeben werden, ersparen wir uns das Streichen.

Elektrische Leitfähigkeit

Die Gehäuse vieler elektrischer Geräte im Haushalt sind aus Kunststoff. Die geringe elektrische Leitfähigkeit von Kunststoff wird zur Isolation von Leitungen genutzt. Dadurch sind die elektrischen Schaltungen im Inneren geschützt.

Leitfähigkeit von Wärme

Kunststoffe leiten Wärme schlecht weiter. Überprüfen kannst du das, indem du zwei gleich große

Streifen aus Metall und Kunststoff in ein Gefäß mit warmem Wasser hältst. Der Metallstreifen wird die Wärme des Wassers sehr schnell zu deinen Fingern leiten, der Kunststoffstreifen nicht. Die Bauwirtschaft verwendet zur Wärmedämmung von Häusern Dämmmaterial aus Kunststoff.

> Verbrenne keine Kunststoffe. Es entweichen giftige Gase.

1 Nenne die wichtigsten Eigenschaften von Kunststoffen. Ordne sie nach positiven und negativen Eigenschaften.

2 Ordne die Eigenschaften in der Abbildung oben den entsprechenden Kunststoffarten zu. Fertige dazu eine dreispaltige Tabelle mit dem Computer an.

3 Fertige für den Härtetest mit der Reißnadel ein Protokoll an. Trage die Kunststoffarten ein und ordne die Tiefe des Risses zu – tief, mittel schwach oder gar nicht.

4 Führe die Wasserprobe durch und schreibe auf, welcher Kunststoff leichter, gleich schwer oder schwerer als Wasser ist. Fertige dazu ein Protokoll an

Eisenmetalle	Nichteisenmetalle	Kunststoffe	Baustoffe	Lebensmittel
Gusseisen Stahl	Aluminium Kupfer Zinn	Polyesterharze Epoxydharze	Ton Beton	Schokolade Pudding Schmalz Margarine

Werkstoffe zum Gießen

Gießharz schützt dekorative Gegenstände

Kunststoffe bearbeiten

Urformen/Gießen

Stoffe, die im flüssigen oder breiigen Zustand sind, können durch Gießen eine erste feste Form bekommen. Der Gießwerkstoff wird in eine vorbereitete Form gegossen. In dieser Form wird er langsam fest und behält dann auch ohne die Form seine Gestalt.

Ein Beispiel, das jeder kennt, ist die Rote Grütze. Wenn sie erkaltet ist, kann sie herausgenommen werden und behält die Form der Schale, in die sie gegossen wurde.

> Das Gießen gehört zu den Fertigungsverfahren des Urformens, bei denen aus formlosen Stoffen feste Körper hergestellt werden.

Es können Stoffe wie Metalle, Kunststoffe oder Lebensmittel in Formen gegossen werden. Viele Stoffe müssen erst erwärmt werden, damit sie flüssig sind. Sollen Schokoladenfiguren gegossen werden, muss die Masse auf etwa 40 °C erwärmt werden. Bei Stahl werden etwa 1400 °C benötigt. Gips und Beton werden fest, wenn das Wasser verdunstet, mit dem sie eingerührt wurden. Manche Kunststoffe, z.B. die Gießharze, sind auch bei Raumtemperatur schon flüssig. Zum Erhärten gibt man einen zweiten Stoff, einen Härter,

hinzu. Damit können Gegenstände wie zum Beispiel Blätter eingegossen werden. Der Kunststoff ist transparent, so dass man den Gegenstand im Inneren sehen kann. Er wird gleichzeitig vor Beschädigungen geschützt.

Ihr könnt euch auf diese Art kleine Anhänger oder andere Gegenstände selbst herstellen. Wegen der entweichenden Gase sollte bei Arbeiten mit Gießharzen das Fenster geöffnet werden. Trage aufgrund der Ätzwirkung des Härters eine Schutzbrille und wasche dir anschließend die Hände.

Spritzgießen

Bei diesem Verfahren wird der erwärmte plastische Werkstoff in einer Maschine mithilfe von Druck in eine Form gespritzt.

Der Kunststoff wird in Form von kleinen Körnern, dem Granulat, in die Maschine gefüllt und dort erwärmt. Anschließend wird er in die gewünschte Form eingespritzt. Hier erkaltet der Werkstoff nach kurzer Zeit, und das Werkstück kann aus der Form ausgestoßen werden.

Auf diese Weise können sehr kleine und komplizierte, aber auch größere Teile in großen Mengen hergestellt werden. Die Werkstücke sind sehr maßgenau und die Oberfläche hat eine gute Qualität. Es ist keinerlei Nacharbeit erforderlich. Durch Spritzgießen werden beispielsweise kleine Spielzeugautos, Eimer oder Transportkästen für Getränkeflaschen hergestellt.

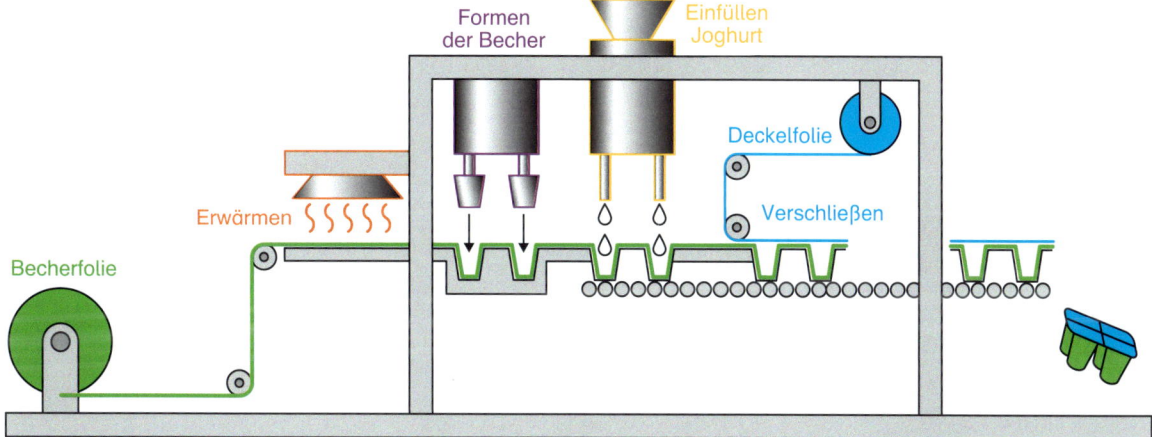

Maschine zum Herstellen und Füllen von Joghurtbechern

Tiefziehen

Das Tiefziehen ist ein typisches Umformverfahren für Kunststoffe.

Mit diesem Fertigungsverfahren werden z.B. auch Joghurtbecher hergestellt. Eine erwärmte Kunststofffolie wird auf die Formen aus Metall gelegt, ein Stempel drückt die Folie in die Formen ein. Nach dem Erkalten können die fertigen Becher herausgenommen werden.

Auch für komplizierte Formen kann das Verfahren angewendet werden. Neben Joghurtbechern entstehen so Schüsseln, Tassen und Kinderspielzeug.

Tiefziehen ist aber auch ein Verfahren zum Umformen von Metallen. Es wird beispielsweise zum Herstellen von Töpfen und Karosserieteilen für Fahrzeuge angewendet.

> Tiefziehen ist ein Umformverfahren, bei dem Zug- und Druckkräfte wirken. Kunststoffplatten oder Bleche werden zu Hohlkörpern verformt.

Biegen

Um einem Werkstück eine andere Form zu geben, genügt es manchmal aber auch es zu biegen. Durch Biegen von Stangen und Blechen entstehen beispielsweise Haken, Buchstützen und Gartengeräte. Zum Biegen von Kunststoff benützen wir in der Schule eine Wärmeschiene (siehe Seite 58).

Während Metalle also auch kalt umgeformt werden können, müssen Kunststoffe immer erwärmt werden. Meist wird zwar bei Metallen vor dem Umformen Wärme zugeführt, aber z.B. ein dünner Draht oder ein dünnes Blech können kalt umgeformt werden. Ihr habt sicher alle schon einmal ein Stück Draht mit den Fingern selbst verbogen. Kunststoffe dagegen müssen immer erwärmt werden, um plastisch zu werden. Es sind die Thermoplaste, die durch Erwärmung umgeformt werden können.

> Beim Umformen wird die Form von festen Körpern durch Einwirkung äußerer Kräfte verändert. Die Formänderung bleibt nach dem Umformen erhalten.

Wenn wir in der Schule Kunststoff biegen wollen, erwärmen wir die Biegekanten mit einer Wärmeschiene.

1 Welche Kunststoffarten können umgeformt werden? Begründe deine Antwort.

2 Fertige für einen kleinen Anhänger aus Gießharz eine Form aus Holz und fülle die Form mit Gießharz aus. Umschließe einen Gegenstand deiner Wahl mit der flüssigen Kunststoffmasse.

Spardose aus Kunststoff

Bearbeitung von Kunststoff mit der Ziehklinge

Sägen von Kunststoff

Wir fertigen ein Produkt aus Kunststoff

„Es lohnt sich immer für kleine oder große Wünsche zu sparen", sagt Hanna. Eine Spardose ist ein nützliches Produkt aus Kunststoff, das wir in der Schule herstellen können. Einen Vorschlag seht ihr auf dem Bild oben. Ihr könnt natürlich eigene Ideen einbringen, welche Gestalt und Größe eure Spardose haben soll.

Arbeitsplanung

Wie immer, wenn ein Produkt hergestellt werden soll, muss vorher geplant werden.
- *Material:* Es stehen zwei verschiedene Kunststoffe in Form von 2 mm starken Platten zur Verfügung. Eine Platte ist farbig, die andere glasklar.
- Bestimme die *Maße* der Spardose.
- Lege die Form fest, fertige eine Skizze an und trage die Maße ein.

Nun fehlt noch die Stückliste (siehe S. 46). Du kannst sie mithilfe deiner Skizze schreiben.

Vorder- und Rückseite herstellen

Durch Trennverfahren werden die beiden Platten für die Vorder- und Rückseite hergestellt. Ist der Kunststoff hart, kannst du ihn brechen. Dazu reißt du zuerst die Bruchlinie mit einer Reißnadel an. Dann wird das Werkstück in den Schraubstock oder eine Biegevorrichtung eingespannt. Du musst dann von der Risslinie weg brechen, sonst reißt der Werkstoff nicht weiter und es entsteht eine unsaubere Bruchkante. In jedem Fall ist die Bruchkante mit einer Feile noch nachzuarbeiten. Lässt sich der Werkstoff nicht brechen, kann er mit der Hebelschere geschnitten oder mit der Säge getrennt werden.

Der Grat wird bei Kunststoffen mit der Ziehklinge entfernt.

> Die Ziehklinge ist ein Werkzeug und wird aus sehr hochwertigem Stahl gefertigt. Eine Kante ist scharf wie ein Messer.

Kunststoff kann auch mit Schleifpapier bearbeitet werden.

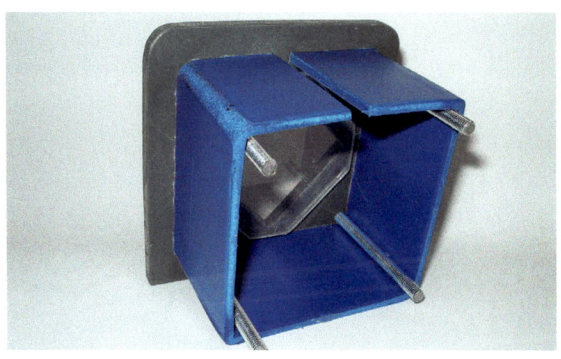

Offene Spardose

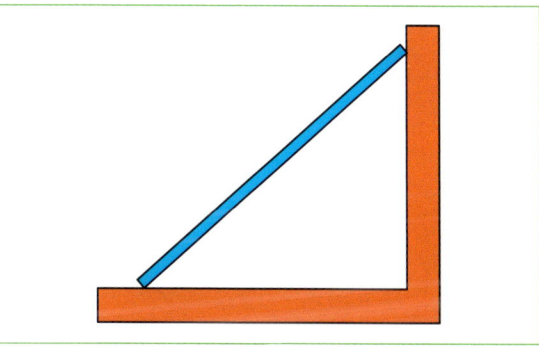

Vorrichtung zum Biegen

So sieht das Mittelteil aus

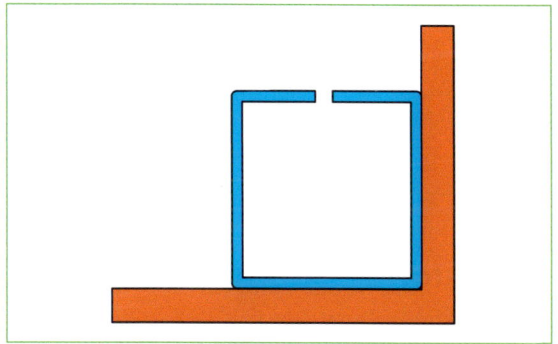

Fertig gebogenes Mittelstück der Spardose

Das Mittelstück entsteht

Um die Form des Mittelstücks zu fertigen, wird der vorgefertigte Kunststoffstreifen gebogen. Die Gesamtlänge des Kunststoffstreifens ergibt sich aus drei gleichlangen Seiten und der vierten Seite, von der der Schlitz für den Geldeinwurf abgezogen werden muss.

Vor dem Biegen müssen die Biegekanten mit dem Bleistift angerissen werden. Eine Reißnadel würde im Material eine Einkerbung hinterlassen, die an dieser Stelle beim Biegen zum Brechen führen kann.

Anschließend werden die Biegestellen mit einer Wärmeschiene erwärmt und im Winkel von 90° gebogen. Ihr solltet darauf achten, dass nur die Biegekante erwärmt wird, das erleichtert das Biegen. Damit der Winkel tatsächlich 90° beträgt, fertigt ihr einen Winkel aus Holz (siehe die Abbildung oben).

> Vor dem Biegen sollte mit Abfallstücken aus dem gleichen Material das Biegen mit der Wärmeschiene ausprobiert werden.

Danach haltet ihr das Werkstück solange in der Vorrichtung fest, bis es abgekühlt ist.

Die Biegestelle kühlt schneller ab, wenn sie mit einem feuchten Schwamm bestrichen wird.

Verbinden der Einzelteile

Wenn das Mittelteil gebogen ist, kann es mit der Vorder- und Rückwand durch Kleben oder Schrauben verbunden werden.

1 Erkläre, warum wir Kunststoffe vor dem Biegen mit dem Bleistift und nicht mit der Reißnadel anreißen.

2 Warum müssen wir den Kunststoff nach dem Biegen abkühlen?

3 Wie müssen Schraub- und Klebeverbindungen beim Zusammenbau der Spardose eingesetzt werden, um problemlos das Geld entnehmen zu können?

4 Schätzt ein, wie eure Spardose gelungen ist. Entwickelt gemeinsam Richtlinien für die Bewertung und schreibt diese auf.

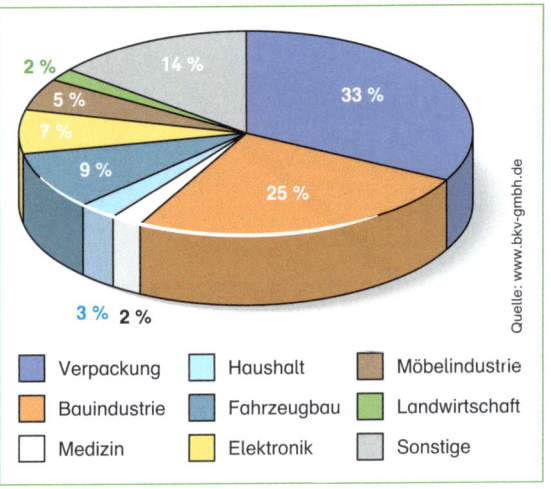

Quelle: www.bkv-gmbh.de

- 33 %
- 25 %
- 14 %
- 9 %
- 7 %
- 5 %
- 2 %
- 3 %
- 2 %

■ Verpackung ■ Haushalt ■ Möbelindustrie
■ Bauindustrie ■ Fahrzeugbau ■ Landwirtschaft
□ Medizin ■ Elektronik ■ Sonstige

Daraus setzt sich der Kunststoffmüll zusammen

Kunststoffmöbel werden z. B. aus wiederverwertetem Kunststoff hergestellt

Kunststoffe entsorgen und aufbereiten

Was geschieht eigentlich mit den Kunststoffabfällen aus der Werkstatt in der Schule? Die Spardose ist fertig, die Werkstatt aufgeräumt, und die Abfälle sind im Mülleimer – dem Mülleimer nur für Kunststoffe. Auch bei dir zu Hause werden Kunststoffe gesammelt und extra durch die gelbe Tonne oder den gelben Sack entsorgt.

> Kunststoffabfälle werden im privaten Haushalt getrennt entsorgt. Sie gehören nicht in den Restmüll.

In Deutschland entstehen in jedem Jahr allein in den privaten Haushalten drei Millionen Tonnen Kunststoffabfälle. Damit könnte ein Güterzug beladen werden, der 15 Kilometer lang wäre. Dazu kommen noch die Kunststoffabfälle aus den Betrieben der Möbel-, Bau- und Fahrzeugindustrie. Diese Abfälle werden so weit wie möglich wiederverwertet.

Kunststoffe werden hauptsächlich nach zwei Verfahren aufbereitet.

Beim ersten Verfahren werden die Kunststoffprodukte zerkleinert, gewaschen, getrocknet und geschmolzen. In einer besonderen Maschine kühlt die Schmelze ab und wird zu kleinen festen Stücken, dem Granulat, verarbeitet.

Dieses Granulat wird in Säcke gefüllt und kann so gut transportiert werden. Es ist Ausgangsstoff für neue Kunststoffprodukte.

Da jedoch viele Kunststoffsorten gemischt sind, ist die Qualität des Kunststoffs nicht mehr so gut. Daraus werden zum Beispiel Blumenkästen und Kunststoffmöbel gefertigt.

Beim zweiten Verfahren wird der Kunststoff in seine einzelnen chemischen Substanzen zerlegt. Die so gewonnenen Rohstoffe sind nun wieder der Ausgangsstoff zur Erzeugung neuer Produkte. Das Verfahren ist aber sehr aufwendig.

> Um die Umwelt zu schonen, müssen Kunststoffabfälle gesammelt und wieder aufbereitet werden. Die Verfahren dafür sind sehr aufwändig und teuer.

Nicht alle Abfallprodukte aus Kunststoff werden gesammelt und wiederverwertet. Beispielsweise wird Kunststoff auch verbrannt. Dabei entsteht Wärme, die man zum Heizen nutzen kann. Bei der Verbrennung bilden sich jedoch auch schädliche Gase, die mit hohem Aufwand entfernt werden müssen oder die als Abgase in die Umwelt entweichen.

Anlage zur Sortierung von Kunststoffmüll

Der Wald – Rohstoff für Kunststoffe

Kunststoffe gelangen auch mit dem Restmüll auf Deponien. Wissenschaftler vermuten, dass sie dort etwa 20 bis 25 000 Jahre liegen, ehe sie sich zersetzt haben.

Jeder von uns kann dazu beitragen, dass nicht zu viel Kunststoff verbraucht wird. Ein Beutel aus Textilien könnte zum Beispiel die Kunststofftüte beim Einkaufen ersetzen. Das spart auch Geld, denn die Verpackung muss der Verbraucher selbst bezahlen.

> Kunststoffverpackungen sollten sparsam verwendet werden. Das schont die Umwelt und spart Geld.

Wissenschaftler forschen seit einigen Jahren daran, Kunststoffe aus nachwachsenden Rohstoffen, wie Holz und Getreide, zu entwickeln. Diese Kunststoffe haben die gleichen guten Eigenschaften wie Kunststoffe aus Erdöl. Teilweise haben sie sogar noch bessere Eigenschaften: ihr Gewicht ist zum Beispiel wesentlich geringer und sie können umweltfreundlich entsorgt werden, da sie sich nach geringer Zeit im Boden zersetzen, ohne Schäden zu hinterlassen. Verschiedene Hersteller stellen Mülltüten und Einkaufsbeutel aus diesen Kunststoffen her.

Kunststoff aus nachwachsenden Rohstoffen wird gegenwärtig auch schon im Automobilbau eingesetzt. Er wird zu Armaturenbrettern und Türinnenverkleidungen verarbeitet. Auf diese Weise wird herkömmlicher Kunststoff nach und nach durch umweltfreundlicheren Kunststoff ersetzt.

1 Begründe, warum die Umwelt geschont wird, wenn Kunststoffe gesammelt und wiederaufbereitet werden.

2 Auf welche Kunststoffverpackungen würdest du freiwillig verzichten? Erstelle dazu eine Tabelle. Ordne der Kunststoffverpackung eine Ersatzverpackung zu.

3 Warum darf zu Hause kein Kunststoff verbrannt werden, in einer Müllverbrennungsanlage aber schon?

4 Führt einen Versuch durch und stellt fest, welcher Kunststoff biologisch abbaubar ist. Legt dafür Streifen von verschiedenen Müll- und Einkaufstüten 6 bis 8 Wochen in eine Kiste mit Komposterde.

Wir experimentieren mit Kunststoffen

1. Thema	Die Wärmeleitfähigkeit von Kunststoffen	
2. Fragestellung Was wir schon wissen Was wir wissen möchten	Was muss ich machen? Stichpunkte, Fragen aufschreiben	
3. Vermutung	• Überlegen, welche Erfahrungen ich mit dem Thema habe. • Beispiele nennen • Vermutung formulieren	
4. Versuchsplanung Welche Materialien benötigen wir? • unterschiedliche Proben aus Kunststoffstreifen, 10–15 cm lang • Vergleichsmaterialien aus Stahl, Kupfer oder Aluminium • Becherglas • Warmes Wasser	• Besorge die Materialien. • Lege alles übersichtlich auf deinen Arbeitsplatz. • Fülle das Becherglas mit warmem Wasser, etwa 40–50 °C. • Entwirf das Protokoll.	
5. Versuchsdurchführung	• Stelle die Proben einzeln in das warme Wasser, so dass du die Proben mit den Fingern festhalten kannst. • Miss mit der Stoppuhr deines Handys die Zeit vom Eintauchen, bis die Wärme an deinen Fingern zu spüren ist. • Trage die Ergebnisse in dein Protokoll ein.	
6. Versuchsauswertung	• Vergleiche die Werte der Kunststoffproben miteinander. • Vergleiche die Werte der Kunststoffproben mit denen von Metall. • Was stellst du fest? • Für welche Produkte ist der Kunststoff geeignet?	

5 Der Werkstoff Metall

Gegenstände aus Metall in unserem Alltag

Du lernst:	Technik verstehen
Technik herstellen	Technik nutzen
Technik bewerten	Ideen austauschen

Metall: Geschichte und Arten

Metalle sind alte Werkstoffe

Früher hatten Völker, die sich mit der Gewinnung und Verarbeitung von Metallen auskannten, große Vorteile: Sie konnten Werkzeuge und Waffen herstellen. Ganze Zeitalter der Menschheitsgeschichte wurden nach Metallen benannt. Die Bronzezeit dauerte in Europa von 2200 bis 800 v. Chr. Bronze ist eine Legierung, also ein Gemisch, aus Kupfer und Zinn. Nach der Bronzezeit folgte die Eisenzeit. Aus Eisen wurden in Europa ab dem 8. Jahrhundert v. Chr. Waffen und Werkzeuge hergestellt. Im Mittelalter entdeckten Bergleute reiche Silbervorkommen im sächsischen Erzgebirge. Silber verwendete man damals für Münzen, Besteck und Schmuck.

Die Menschen verdanken Metallen große Schritte der industriellen Entwicklung.
Ohne Metalle hätte die Dampfmaschine nicht gebaut werden können. Die ersten Dampfmaschinen wurden wiederum zum Antrieb von Textilmaschinen und zur Entwässerung in Bergwerken eingesetzt. Mit ihnen begann das Industriezeitalter. Es folgte die Entwicklung der Dampflokomotiven, die die Transportmöglichkeiten enorm verbesserten.

Die Gewinnung von Metallen

In Filmen könnt ihr sehen, wie nach Goldklumpen gesucht wird. Fast alle anderen Metalle kommen aber in der Natur nicht als Metall, sondern in Erzen gebunden vor. Erze sind Verbindungen der Metalle mit Gesteinen. Oft lagern sie in großen Tiefen unter der Erde und müssen mit hohem technischem Aufwand gefördert werden. Um aus Erz Metall zu gewinnen, ist viel Energie nötig. Das macht die Metalle teuer. Deshalb wird versucht, möglichst viel Altmetall wiederzuverwenden, zu recyceln.

Eisenmetalle	Stahl	Baustahl im Bauwesen (Brücken, Gebäude) Werkzeuge, Maschinenteile	
	Gusseisen	Pfannen, Grill, Wok, Maschinengehäuse, Schleusendeckel, Zahnräder	
Nichteisenmetalle	Aluminium (Leichtmetall)	Töpfe, Pfannen, Gehäuse, Schreibgeräte, Haushaltsfolie, Flugzeuge, Felgen, Bauwerksverkleidungen	
	Kupfer (Schwermetall)	Elektrische Kabel und Leitungen, Elektromotoren, Dacheindeckungen, Heizungsrohre	
	Silber (Edelmetall)	Schmuck, Münzen, Elektrik und Elektronik, Spiegelbeläge	

Arten der Metalle

Es gibt viele verschiedene Arten von Metallen, die sich durch unterschiedliches Aussehen und andere Merkmale auszeichnen.

Eisenmetalle sind die wichtigsten Metallwerkstoffe. Sie werden aus Eisenerz oder Eisenschrott hergestellt. Das daraus gewonnene Roheisen wird zu Stahl oder Gusseisen weiterverarbeitet. Der flüssige Stahl wird in Formen gegossen und anschließend im Walzwerk im glühenden Zustand zu Blechen, Formstählen und Rohren geformt. Stahl kann durch Schmieden, Fräsen, Drehen und Bohren weiterverarbeitet werden. Eisenwerkstoffe rosten und erhalten deshalb oft einen Schutzanstrich.

Aluminium hat ein geringes Gewicht, leitet elektrischen Strom gut und kann leicht bearbeitet werden. Es wird aus Bauxit hergestellt.

Kupfer leitet den elektrischen Strom sehr gut und wird deshalb in der Elektrotechnik verwendet. Es ist weich und gut umformbar. Genauso wie Aluminium bildet Kupfer an der Oberfläche eine Schutzschicht (Patina), die das Material vor Korrosion schützt.

Außer Gold und Platin gehört auch Silber zu den Edelmetallen. Neben seiner Verwendung in der Schmuckindustrie wird es in der Elektronik als sehr guter elektrischer Leiter eingesetzt.

1 Seite 67 zeigt einige Metallberufe. Nenne weitere und beschreibe typische Tätigkeiten.

2 Die Abbildungen oben zeigen Gegenstände aus Metall. Nenne weitere.

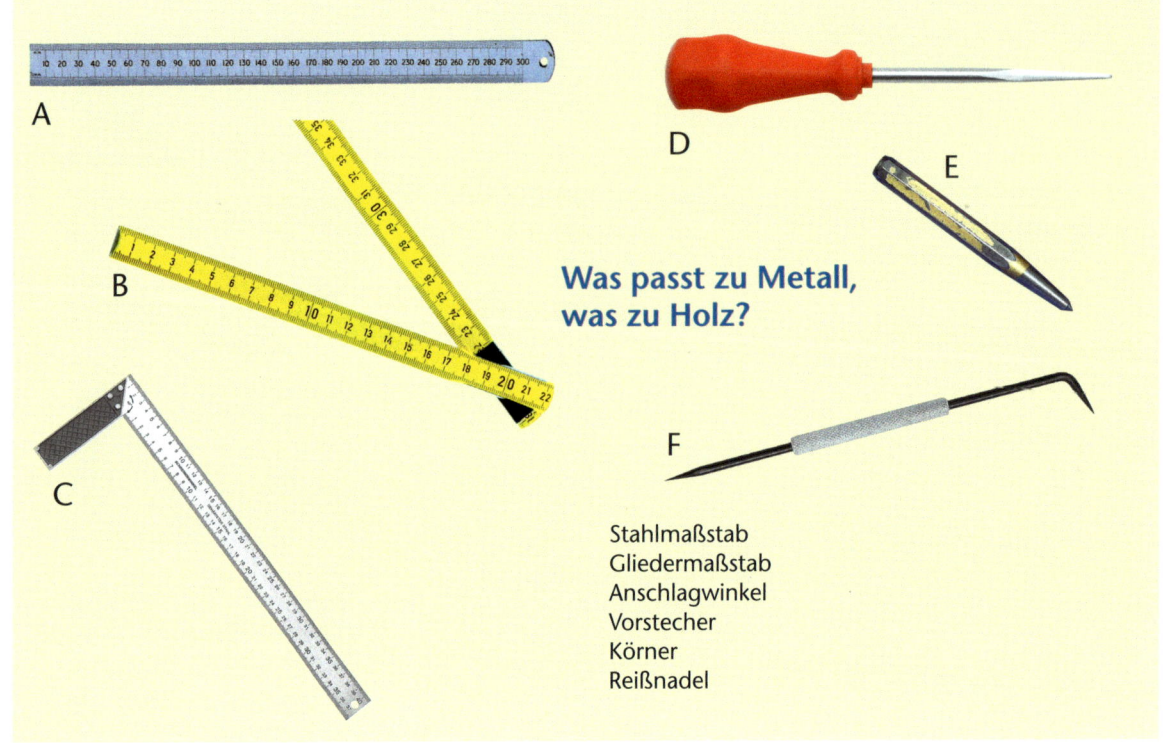

A

B

C

D

E

F

Was passt zu Metall, was zu Holz?

Stahlmaßstab
Gliedermaßstab
Anschlagwinkel
Vorstecher
Körner
Reißnadel

Metall richtig bearbeiten

Das Anreißen

Auf Seite 40 seht ihr die Abbildung einer Seilbahngondel. Lisa stellt die Aufhängung aus Holz her.

Als Ausgangsmaterial verwendet Lisa eine Holzleiste. Sie reißt darauf die Länge ihres Werkstückes an. Zum Messen benutzt sie einen Gliedermaßstab. Mit einem Bleistift zeichnet Lisa das Längenmaß und die Markierungen für die Bohrungen auf dem Holz an. Damit alles genau wird, benutzt sie zusätzlich einen Schreinerwinkel. Mit einem Vorstecher erreicht Lisa, dass der Bohrer beim Ansetzen nicht wegrutscht.

Wenn später noch Bleistiftstriche vom Anreißen zu sehen sind, kann Lisa diese problemlos wegschleifen.

Eric fertigt die Aufhängung der Seilbahngondel aus Metall. Erics Ausgangsmaterial ist Flachstahl. Er misst mit dem Stahlmaßstab. Zum Anreißen holt er sich eine Reißnadel aus der Ablage am Lehrertisch. Auch Eric reißt unter Verwendung eines Anschlagwinkels die Länge und die Markierungen für die beiden Bohrungen an. Um den Bohrer später genau ansetzen zu können, markiert er den Schnittpunkt der Risslinien zusätzlich mit einem Körner. Dazu setzt Eric die Körnerspitze schräg auf den Schnittpunkt, damit er diesen genau sieht. Danach stellt Eric den Körner senkrecht und schlägt mit dem Hammer darauf.

Das Trennen

Lisa sägt mit der Feinsäge das angezeichnete Stück von ihrer Holzleiste ab. Dabei achtet sie darauf, dass sie auf der Abfallseite sägt, damit ihr Werkstück nicht zu kurz wird. Beim Einspannen der Leiste benutzt Lisa zusätzlich Holzleisten als Beilagen, damit keine Abdrücke der Spannbacken des Schraubstockes im Holz entstehen. Das Holz ist sehr empfindlich. Kurz bevor sie die Holzleiste ganz durchsägt, arbeitet Lisa etwas langsamer und mit weniger Druck. Damit will sie verhindern, dass das Werkstück splittert. Insgesamt hat Lisa wenig Mühe beim Sägen, das Holz lässt sich gut bearbeiten. Da die Bohrungen schon vorge-

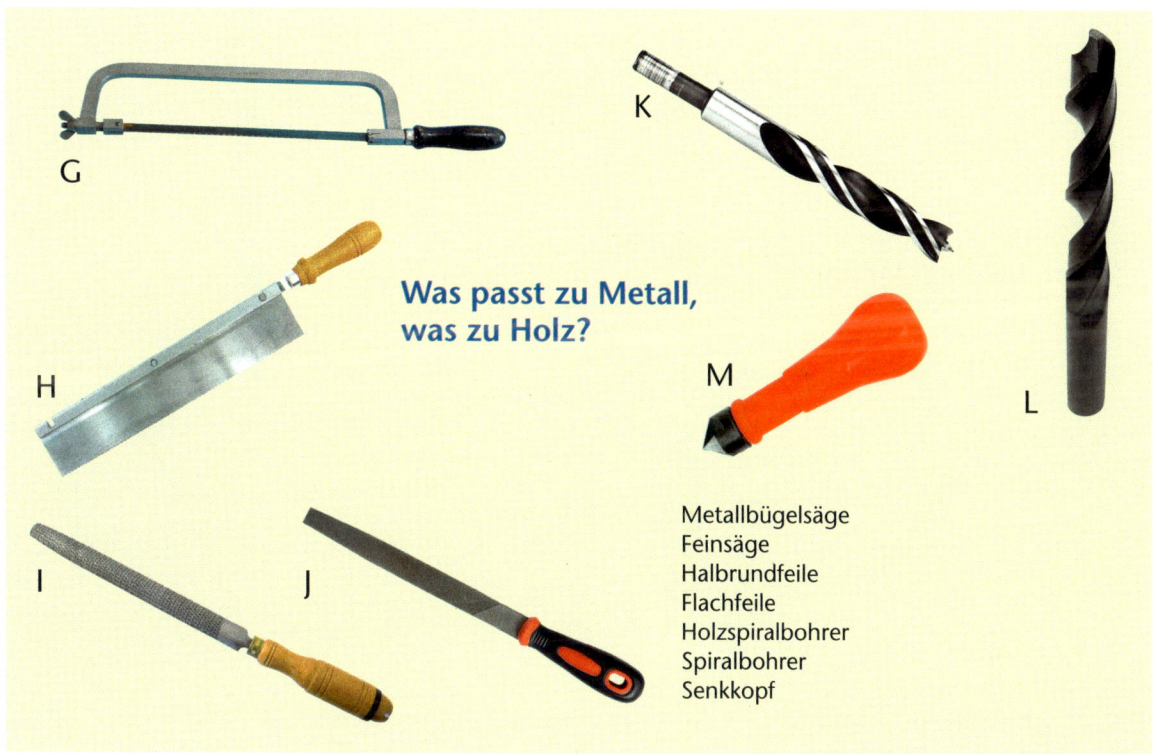

Was passt zu Metall, was zu Holz?

Metallbügelsäge
Feinsäge
Halbrundfeile
Flachfeile
Holzspiralbohrer
Spiralbohrer
Senkkopf

stochen sind, kann Lisa auch gleich noch bohren. Den Holzbohrer hat sie schon eingespannt.

Obwohl Lisa sorgfältig gearbeitet hat, sind durch das Sägen und Bohren Splitter an ihrem Werkstück entstanden. Sie greift deshalb zur Raspel im Schubfach ihrer Werkbank. Die Splitter an den Rändern der Bohrungen beseitigt Lisa vorsichtig mit einem Senkkopf. Das letzte Trennverfahren, das sie einsetzt, ist das Schleifen. Dabei achtet sie auf die Faserrichtung des Holzes. Lisas Werkstück wird ganz glatt, niemand kann sich mehr verletzen.

Auch Eric muss von seinem Flachstahl ein Stück absägen. Er nutzt als Werkzeug eine Metallbügelsäge. Die Zähne des Sägeblattes sind sehr viel kleiner als die der Sägen zur Holzbearbeitung. Das Sägeblatt ist außerdem härter. Mit dem Sägen hat Eric große Mühe, er muss sich ziemlich anstrengen. Es dauert eine ganze Weile, bis auch Eric sein Werkstück auf Länge gesägt hat und an die Bohrmaschine wechseln kann.

Sein Lehrer hat den Spiralbohrer schon im Bohrfutter eingespannt und den Maschinenschraub-

stock zum Einspannen des Werkstückes bereitgestellt. Schutzbacken braucht Eric zum Einspannen nicht. Sein Werkstück ist sehr hart und unempfindlich. Die Körnung bewirkt, dass Eric mit dem Bohrer nicht verrutscht.

Beim Bohren ist ein Grat entstanden. Mit einem Senkkopf entfernt ihn Eric. Er hat nicht ganz gerade gesägt, an den Kanten sieht er auch noch einen Grat. Eric holt eine Flachfeile aus seinem Werkzeugschubfach. Er feilt, prüft zwischendurch mit dem Anschlagwinkel und feilt weiter, bis sein Werkstück den geforderten Maßen entspricht. Auch Erics letzter Arbeitsgang ist das Schleifen. Das vom Lehrer bereitgelegte Schleifpapier ist sehr fein. Am Ende glänzt Erics Werkstück und die Risslinien sind nicht mehr zu sehen.

Werkstoffe haben unterschiedliche Eigenschaften. Deshalb unterscheiden sich auch die Werkzeuge zur Bearbeitung.

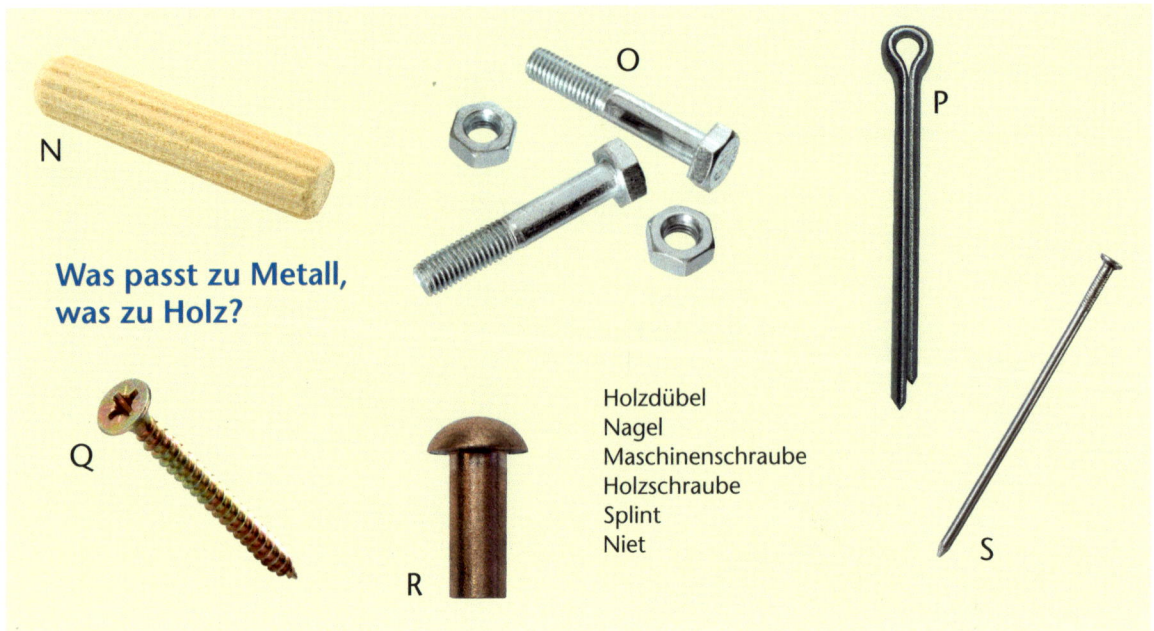

Was passt zu Metall, was zu Holz?

Holzdübel
Nagel
Maschinenschraube
Holzschraube
Splint
Niet

Das Beschichten von Metall

Lisa hat bereits gelernt, dass Holz feuchtigkeitsempfindlich ist. Wenn es nass wird, quillt es, unter Umständen verzieht oder verfärbt es sich. Deshalb wachst Lisa ihr Werkstück. Dazu benutzt sie einen Schwamm und Bienenwachs.

Eric hat an seinem alten Fahrrad gesehen, wie leicht Eisenmetalle rosten, wenn sie nass werden. Er streicht deshalb seine Gondelaufhängung mit Rostschutzfarbe. Der Lehrer hat beim Einkauf darauf geachtet, dass im Unterricht nur wasserlösliche Farben verwendet werden. So entstehen beim Streichen keine schädlichen Lösemitteldämpfe. Trotzdem sorgt Eric während des Streichens für gute Belüftung, damit im Technikraum keine unangenehmen Gerüche entstehen. Gleich nach der Arbeit wäscht Eric den benutzten Pinsel mit reichlich Wasser aus. So können ihn auch andere Schüler noch nutzen. Der Lehrer kontrolliert, ob die Farbdose wieder gut verschlossen ist. Wenn das nicht geschieht, wird die Farbe fest und damit unbrauchbar.

Die Werkstücke sehen nach dem Beschichten besser aus und sind vor äußeren Einflüssen geschützt.

Das Fügen von Metall

Die Aufhängung der Seilbahn muss mit dem Gondelkorb verbunden werden. Außerdem müssen die Schüler die Rollen befestigen, die auf dem Seil laufen. Beide Verbindungen müssen beweglich sein.

Lisa wählt auch bei den Verbindungselementen den Werkstoff Holz. Mit Holzleim leimt sie die Dübel an einer Seite ein. An der anderen Seite sichert Lisa die Dübel mit einem Splint, sodass sie beweglich bleiben. Große Lasten kann die Seilbahn damit sicher nicht transportieren. Die Dübel könnten brechen.

Eric befestigt die Teile mit Maschinenschrauben. Sie sind wesentlich stabiler als Lisas Holzdübel und werden vermutlich auch länger halten. Durch die Metallteile wird die gesamte Gondel aber auch schwerer. Als Werkzeug legt sich Eric zwei Schraubenschlüssel bereit. Eine weitere Möglichkeit, Metallteile miteinander zu verbinden, wäre das Nieten. Nieten findet ihr beispielsweise bei Flugzeugen oder Schiffen. Wenn ihr den Gondelkorb aus Leichtmetall, z.B. Aluminium, herstellt, könntet ihr auch Nieten verwenden. Die Aufhängung kann aber nicht genietet werden, da sie dann nicht beweglich wäre. Die Seilbahn würde nicht funktionieren.

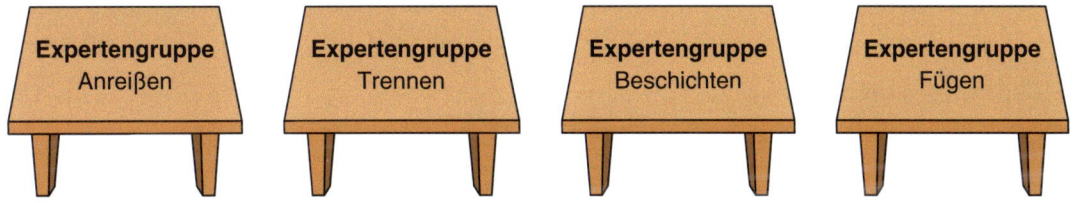

Aus jeder Tischgruppe wechselt einer in eine Expertengruppe. Dort werden die Aufgaben zum Thema gemeinsam besprochen und gelöst.

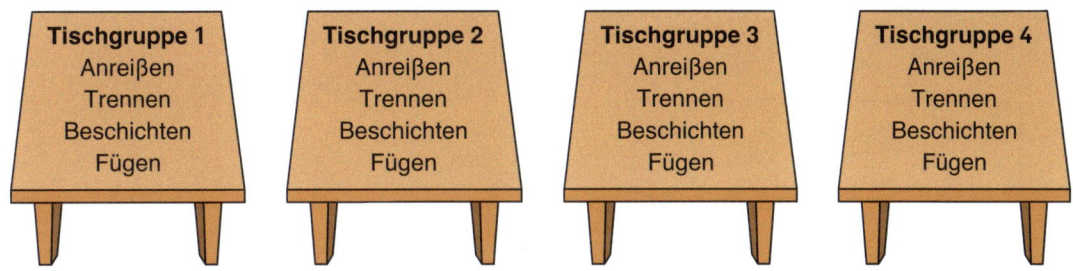

Anschließend geht jeder in seine Tischgruppe zurück und erklärt den Mitschülern sein Thema.

Im anschließenden Unterrichtsgespräch wird abgefragt, was jeder gelernt hat.

Gruppenpuzzle

Aufgaben

Löst die folgenden Aufgaben mit Hilfe des Textes auf den Seiten 67–72. Ihr könnt in Gruppen nach der oben dargestellten Methode arbeiten.

Anreißen

1. Nenne die Werkzeuge, die Eric zum Anreißen von Metall benutzt.
2. Welche Abbildungen auf Seite 70 zeigen diese Werkzeuge?
3. Welcher Buchstabe in der Abbildung ist dem Körner zugeordnet?
4. Welches Werkzeug braucht Eric außerdem zum Körnen?

Trennen

1. Nenne alle Trennverfahren, die Eric anwendet.
2. Welche Säge benutzt Eric?
3. Welcher Buchstabe ist dieser Säge in der Abbildung auf Seite 71 zugeordnet?
4. Wie heißen die Spannvorrichtungen für Bohrer und Werkstück?

Beschichten

1. Warum werden Eisenmetalle beschichtet?
2. Welches Beschichtungsverfahren wählt Eric für sein Werkstück?
3. Wie heißt das Werkzeug, das Eric zum Beschichten verwendet?
4. Warum können die verwendeten Pinsel nicht immer mit Wasser ausgewaschen werden?

Fügen

1. Nenne alle im Text genannten Verbindungselemente.
2. Nenne eine lösbare und eine unlösbare Verbindung.
3. Welcher Buchstabe ist der Maschinenschraube in der Abbildung auf Seite 72 zugeordnet?
4. Welche Werkzeuge braucht Eric zum Fügen seiner Teile?

Zusatzaufgabe

Formuliere selbst eine Frage zum Text. Stelle sie deinen Mitschülern.

1. Thema: Elektrische Leitfähigkeit

2. Fragestellung: Welche Werkstoffe leiten den elektrischen Strom?

3. Vermutung
Metalle leiten den elektrischen Strom.

4. Versuchsplanung

Geräte und Hilfsmittel: Spannungsquelle, Lampe, Taster, 4 Verbindungsleitungen, 2 Krokodilklemmen, Stäbe aus verschiedenen Materialien (z. B. Holz, Kunststoff, Aluminium, Kupfer, Eisen …)

Versuchsaufbau:

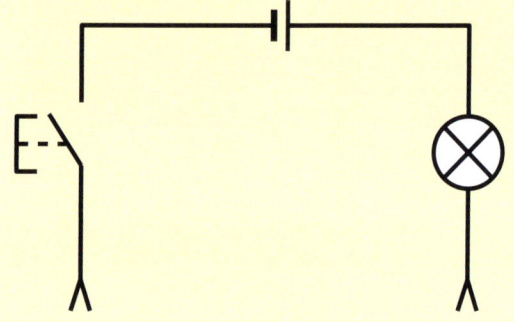

5. Versuchsdurchführung
• Versuchsanordnung aufbauen Versuchsanordnung vom Lehrer prüfen lassen
• Materialstäbe an die Krokodilklemmen anschließen
• Taster betätigen

Material	Lampe	Schluss-folgerung
Holz	leuchtet nicht	leitet den Strom nicht
Kunststoff	leuchtet nicht	leitet den Strom nicht
Aluminium	leuchtet	leitet den Strom
Kupfer	leuchtet	leitet den Strom
Eisen	leuchtet	leitet den Strom

6. Versuchsauswertung
Der Versuch hat gezeigt, dass Holz und Kunststoff den elektrischen Strom nicht leiten. Aluminium, Kupfer und Eisen leiten den elektrischen Strom.

Beispiel für ein Versuchsprotokoll

Wir untersuchen Eigenschaften der Metalle

Elektrische Leitfähigkeit

Um einige Eigenschaften der Metalle zu erforschen oder zu überprüfen, könnt ihr einfache Versuche durchführen. Lauras Klasse hat die Leitfähigkeit verschiedener Materialien in einem Versuch überprüft. Sie wollen wissen, welche Werkstoffe den elektrischen Strom leiten. In der Abbildung oben seht ihr, wie die Schülerinnen und Schüler dabei vorgegangen sind.

Zuerst haben sie geplant, welche Geräte und Hilfsmittel sie benötigen. Danach wurde der Versuchsaufbau skizziert. Die Abbildung oben zeigt die Arbeitsschritte in der richtigen Reihenfolge. Zu Beginn jedes Versuchs stellen die Schülerinnen und Schüler eine Vermutung zu möglichen Ergebnissen an.

Mit Versuchen können wir unsere Vermutungen zur Lösung technischer Fragestellungen überprüfen.

Während des Versuchs schreiben Laura und ihre Mitschüler ihre Beobachtungen übersichtlich in einer Tabelle auf. Am Ende vergleichen sie ihre Ergebnisse mit der zuvor getroffenen Vermutung. Abschließend formulieren alle die Ergebnisse noch einmal deutlich in Sätzen und stellen sie den anderen Arbeitsgruppen vor.

Achtet bei allen Versuchen auf Sicherheit und Arbeitsschutz.

Als Auswertung von Versuchen können auch Fotos, Zeichnungen, Wandzeitungen, PowerPoint-Präsentationen oder Lernspiele entstehen.

Stahlstempel, auch „Schlagzahlen" genannt

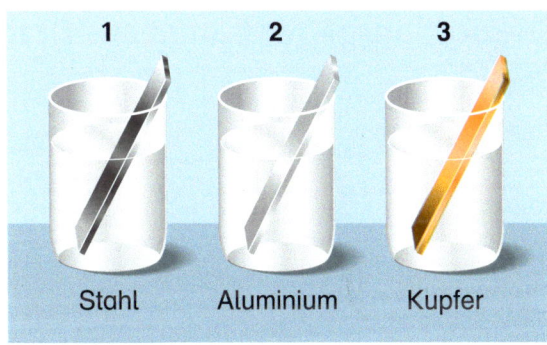

Versuchsaufbau Korrosion

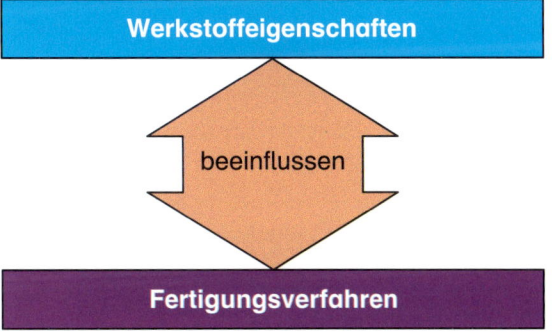

Einschlagen von Schlagzahlen

Festigkeit

Jeder Konstrukteur muss die Eigenschaften der Werkstoffe, die er verwenden möchte, genau kennen. Nur dann ist gewährleistet, dass das Produkt später den Anforderungen entspricht.

Stellt euch vor, ihr wollt einen Schlüsselanhänger aus Metall fertigen, auf dem eure Hausnummer zu lesen ist. Um zu testen, welches Metall sich am besten dazu eignet, könnt ihr mit verschiedenen Materialproben, beispielsweise Stahl, Aluminium, Kupfer und Messing, einen Versuch durchführen. Versucht mit etwa der gleichen Krafteinwirkung eine Schlagzahl in die Materialproben zu schlagen. Das Metall, auf dem die Zahlen am besten zu lesen sind, hat die geringste Festigkeit. Für euren Schlüsselanhänger ist es gut geeignet, weil ihr die Zahlen gut lesen könnt. Für Werkstücke, die sehr fest sein müssen, wäre es weniger gut geeignet.

> Festigkeit ist der Widerstand, den ein Werkstoff der mechanischen Verformung entgegensetzt.

Korrosionsschutz

Euer Handschweiß enthält Feuchtigkeit und zusätzlich Salze. Diese Einflüsse können die Metalle verändern.

Testet in einem Versuch das Verhalten eurer Metallproben. Stellt die Proben dazu über einige Wochen in Bechergläser mit Wasser. Das Material, das rostet, eignet sich nicht für euren Schlüsselanhänger. Wenn ihr es dennoch verwenden wollt, müsst ihr es beschichten. Durch eure Bearbeitung verändert ihr die Gebrauchseigenschaften des Werkstoffes, denn das Metall wird beständiger gegenüber Feuchtigkeit.

> Von den Werkstoffeigenschaften hängt oft das nötige Fertigungsverfahren ab. Andererseits können auch durch Fertigungsverfahren Werkstoffeigenschaften beeinflusst werden.

1 Führt die im Text beschriebenen Versuche durch und fertigt Protokolle an. Nutzt dazu auch Seite 66.

Dekorationsgegenstände aus Draht biegen

Entwurfszeichnung mit Bleistift oder Computer anfertigen

↓

Zeichnung auf eine Grundplatte übertragen

↓

Bohrungen für Dübel vorstechen, vorbohren, bohren

↓

Dübel einleimen

↓

Drahtlänge am Computer oder mit einem Faden ermitteln

↓

Draht biegen

↓

Verbindungsstellen löten

↓

Dekorationsgegenstand beschichten

↓

Textile Gestaltung umsetzen

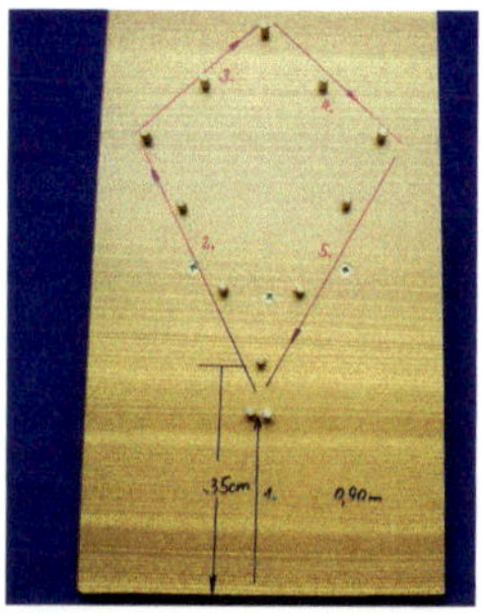

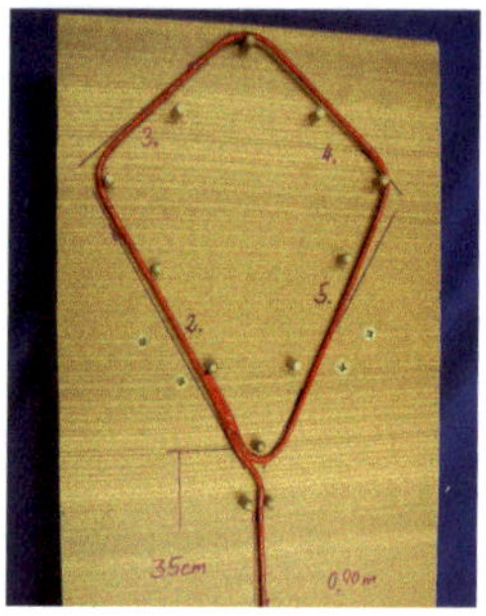

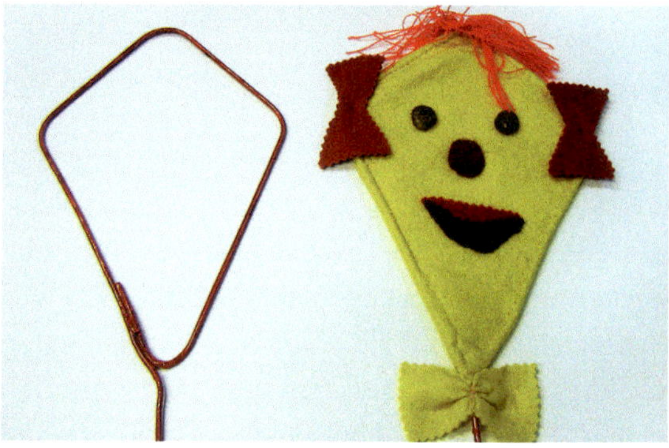

Aufgabe: Entwerft eine Biegevorrichtung für einen anderen Dekorationsgegenstand wie beispielsweise ein Herz oder Weihnachtsdekoration.

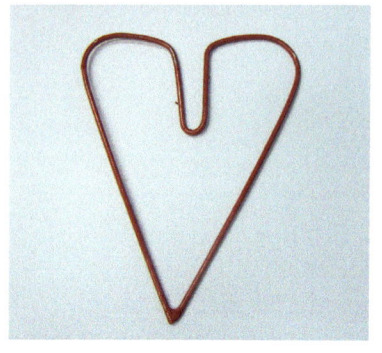

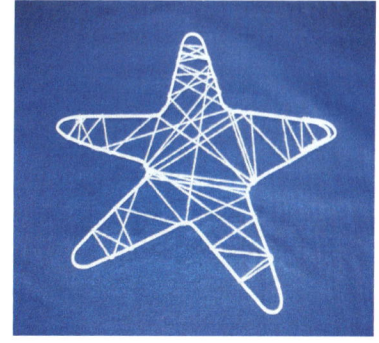

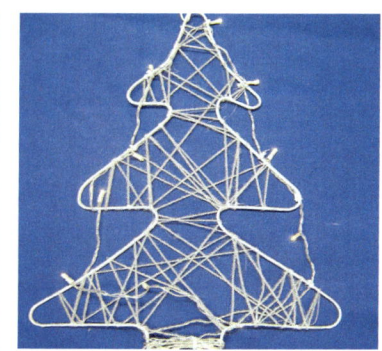

6 Technische Systeme

Faustkeil

Du lernst:	Technik verstehen
Technik herstellen	Technik nutzen
Technik bewerten	

Bau der Pyramiden

Schraube des Archimedes

Von der Idee zur Maschine

Ein Rundblick in Zimmer, Wohnung, Schule zeigt: überall sind wir umgeben von Gebrauchsgegenständen und Maschinen.

Über Funktionsweise und Herstellung von zum Beispiel unserem Kugelschreiber oder dem Sicherheitsschloss an der Haustür denken wir nicht nach. Wir benutzen sie einfach.

Ein Blick in die Geschichte

All diese Gegenstände waren aber nicht schon immer einfach da. Sie wurden erfunden und entwickelt. Es war ein weiter Weg vom Faustkeil bis zu unseren modernen Geräten und Maschinen. Die Menschen haben schon vor vielen tausend Jahren damit begonnen, einfache Werkzeuge herzustellen. Der Faustkeil, ein einfaches Steinwerkzeug zum Spalten und Schneiden, ist wahrscheinlich schon 600 000 Jahre alt. Alle diese Werkzeuge wurden mit dem Ziel entwickelt, sich die Arbeit zu erleichtern.

Im Laufe der Zeit wurden die Geräte dann zunehmend komplizierter. Für anspruchsvolle Bauwerke wie z. B. die Pyramiden in Ägypten benötigte man Geräte zum Heben und Transportieren von schweren Steinblöcken und Baumstämmen.

Es dauerte viele tausend Jahre, bis aus den ersten primitiven Hilfsmitteln moderne Geräte und Maschinen entwickelt wurden.

Am Anfang einer Entwicklung stand immer ein Problem. Die Erbauer der Pyramiden hatten das Problem, schwere Gesteinsbrocken transportieren zu müssen. Die Lösung waren Baumstämme, auf die die Steine gelegt und dann gerollt wurden. Die Menschen erkannten, dass das Transportieren schwerer Gegenstände auf runden Hölzern die Arbeit erleichtert.

Mit dieser Erkenntnis hängt sicher auch die Erfindung des Rades zusammen.

Viele technische Erfindungen sind meist Weiter- und Fortentwicklungen von bereits vorhandenen Geräten oder Maschinen.

Auch alle technischen Geräte und Maschinen, die wir heute benutzen, können immer noch weiterentwickelt und verbessert werden. Deshalb müssen wir uns mit dem Aufbau und der Funktion von technischen Systemen beschäftigen. Dies hilft uns auch bei der sachgerechten Nutzung.

Bockwindmühle

Wassermühle

Technische Erfindungen machen das Leben leichter

Nicht überall konnten die Menschen das Trinkwasser aus Flüssen und Seen gewinnen. Sie mussten Brunnen graben und das Wasser aus großen Tiefen an die Oberfläche holen. Das Hochziehen der Wassergefäße an Seilen war sehr schwer. Also wurde eine Vorrichtung entwickelt, die die Arbeit erleichterte. Die Muskelkraft der Menschen wurde zunächst durch die Muskelkraft von Tieren ersetzt. Sie liefen in großen Rädern und bewegten so den Mechanismus, der dazu diente, das Wasser aus der Tiefe zu holen. Auch Kohle wurde einst wie Wasser nach oben befördert.

Bald erkannten die Menschen, dass die Muskelkraft durch die Kräfte der Natur ersetzt werden kann. Die Kraft des fließenden Wassers wurde genutzt, Wasserräder anzutreiben. An den Wasserläufen entstanden so Werkstätten, Getreidemühlen und Sägewerke. Wasserräder werden schon seit zweitausend Jahren angewendet. Wasserkraft gibt es jedoch nicht überall. Deshalb nutzte man auch die Windkraft zum Antreiben von Maschinen. Das bekannteste Beispiel ist die Windmühle, mit der vorwiegend Getreide zu Mehl gemahlen wurde.

Durch die Nutzung der Energie, die in der Natur vorhanden ist, wurde die körperliche Arbeit erleichtert. Gleichzeitig wurden mehr Produkte hergestellt.

Die Erfindungen zur Nutzung von Wasser- und Windkraft sind auch heute noch von großer Bedeutung für die Menscheit.

1 Baue mithilfe eines Baukastens eine einfache Seilwinde. Überprüfe durch Heben eines Körpers die Erleichterung der körperlichen Arbeit durch die Seilwinde.

2 Stelle in einer Übersicht zusammen, wie Wind- und Wasserkraft noch heute genutzt werden.

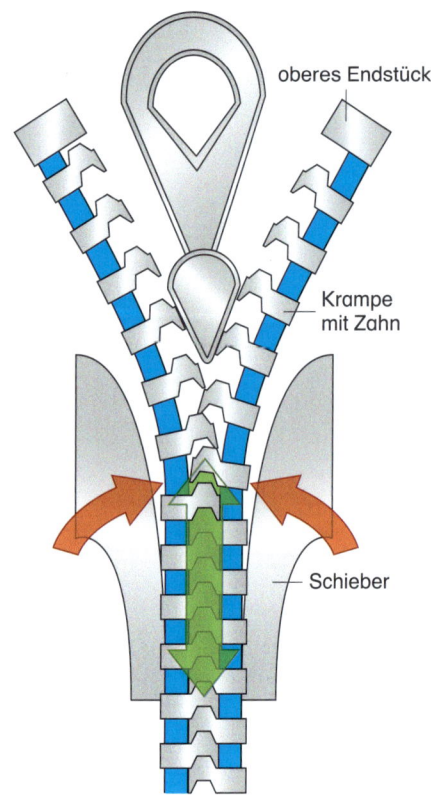

oberes Endstück

Krampe
mit Zahn

Schieber

Reißverschluss

Gerät/Maschine	Aufgabe/Funktion
Küchenherd	Mithilfe von Wärme braten, kochen, backen
Fernseher	Mich informieren können, zur Unterhaltung

Mixer, Radio, Staubsauger, Rasenmäher, Computer, Fahrrad, Taschenrechner, Armbanduhr, Bobbycar, Fotoapparat

Geräte und ihre Aufgaben

Ein Handy hat mehrere Aufgaben

Alle technischen Geräte und Maschinen haben eine Aufgabe

Wenn wir wissen wollen, wie ein Gerät oder eine Maschine aufgebaut ist oder wie sie funktioniert, müssen wir ihren Aufbau untersuchen. Das trifft für alte Maschinen genauso zu wie für moderne. Alle Dinge, die in der Natur nicht vorkommen, sondern vom Menschen erfunden, entwickelt und gebaut wurden, können auch als technisches System bezeichnet werden. Es gibt sehr einfache und sehr komplizierte Systeme.

> Technische Systeme sind vom Menschen künstlich geschaffene Gegenstände wie Geräte und Maschinen. Sie helfen dem Menschen, eine Aufgabe zu erfüllen.

Ein einfaches System ist beispielsweise der Reißverschluss. Er hat die Aufgabe, zwei Teile mitei-

nander schnell und einfach zu verbinden, zum Beispiel die Vorderteile einer Regenjacke.

Edwin fragt Hanna, wie eigentlich ein Reißverschluss funktioniert. „Das erkennst du doch, wenn du genau hinsiehst, ist doch einfach", antwortet Hanna. Damit hat sie recht.
Ein komplizierteres System ist die Bohrmaschine aus dem Technikraum. Ihre Aufgabe ist es, Bohrungen in einen Werkstoff einzubringen. Dabei werden Werkstoffteilchen vom Material abgetrennt und bilden die Späne (siehe auch Seite 18/19). Die Aufgabe besteht also im Trennen des Werkstoffs. Andere Gegenstände, wie zum Beispiel Schultaschen, haben die Aufgabe, unsere Schulsachen aufzunehmen.

> Alle technischen Systeme wie Geräte und Maschinen haben eine bestimmte Aufgabe und Funktion zu erfüllen.

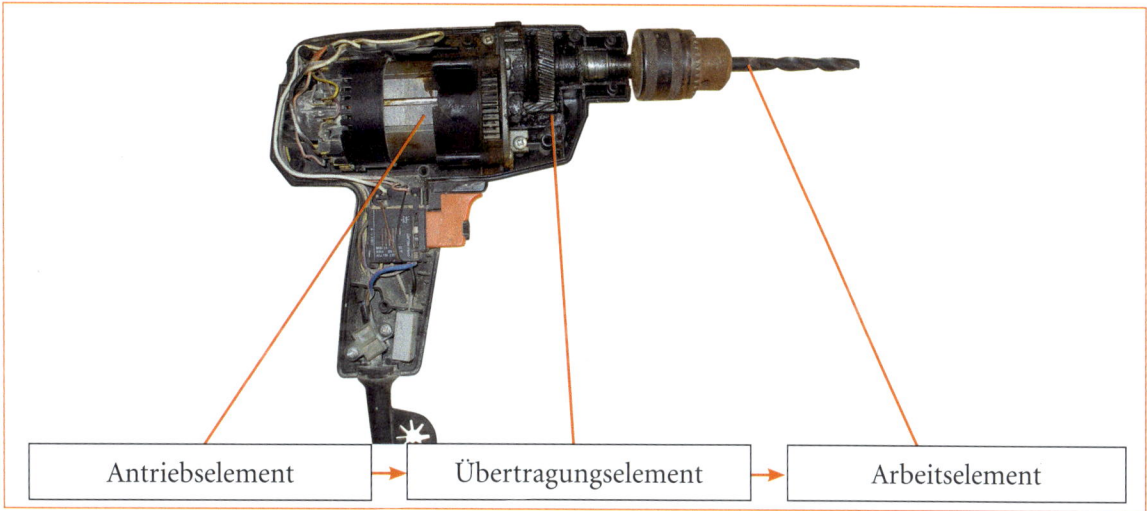

| Antriebselement | → | Übertragungselement | → | Arbeitselement |

Der Energiefluss in der Bohrmaschine

Wir untersuchen den Aufbau einer Bohrmaschine

Wie eine Bohrmaschine funktioniert, ist von außen nicht so einfach zu erkennen wie beim Reißverschluss. Bohrmaschinen kennen wir aus dem Technikraum oder dem Haushalt. Meistens sind es kleinere Maschinen, die Handbohrmaschinen. Wir wollen nun untersuchen, wie sie aufgebaut sind.

Dazu zerlegen wir eine alte unbrauchbare Bohrmaschine. Diesen Vorgang nennt man Demontage. Wenn alle Fragen geklärt sind, kann die Bohrmaschine wieder zusammengebaut werden. Das ist die Montage.

> Demontage und Montage sind Methoden zum Untersuchen des Aufbaus und der Funktion von technischen Geräten und Maschinen.

Vorgehen

Demontage vorbereiten
- Festlegen der notwendigen Werkzeuge
- Vorbereiten des Arbeitsplatzes

Demontage durchführen
- Lösen der Verbindungen am Gehäuse
- Lösen der Einzelteile
- Ordnen der Einzelteile und evtl. beschriften

Analyse des Aufbaus
- Erkennen der Funktion der Einzelteile
- Erkennen des Zusammenwirkens der Einzelteile
- Stichpunkte aufschreiben, Skizzen anfertigen

Montage durchführen

Ergebnisse

Die Bohrmaschine besteht aus unterschiedlichen Bauelementen. Wir haben folgende Elemente festgestellt.

Der Elektromotor ist das *Antriebselement*.

Das Getriebe überträgt die Drehbewegung des Motors zum Bohrfutter. Es ist das *Übertragungselement*.

Der Bohrer ist das *Arbeitselement*. Das Gehäuse wird als *Trägerelement* bezeichnet. Schalter und Stellknöpfe sind die *Steuerelemente*.

1 Ordne in der Tabelle auf Seite 80 oben die Funktionen den technischen Geräten zu. Trage sie in eine Tabelle in deinem Heft ein. Füge selbst fünf weitere Geräte oder Maschinen hinzu.

2 Bestimme mithilfe der Demontage die Funktionselemente bei einem Spielzeugauto. Fertige dazu eine Skizze an und beschrifte die einzelnen Elemente.

James Watt (1736–1819)   Werner von Siemens (1816–1892)   Nikolaus August Otto (1832-1891)

Dampfmaschine   Elektromotor   Verbrennungsmotor

Maschinen und ihre Erfinder im Überblick

Antriebselemente

Die Nutzung von Wind- und Wasserkraft zum Antreiben von Maschinen haben wir bereits kennen gelernt. Damit waren die Menschen aber nicht zufrieden. Sie wollten Maschinen auch dann betreiben, wenn kein Wind wehte, oder auch dort, wo es kein Wasser gibt. Mit der Erfindung der Dampfmaschine 1769 durch James Watt ist das gelungen.

In den Fabriken konnten nun viele Maschinen gleichzeitig durch eine Dampfmaschine angetrieben werden. So war es möglich, mehr Produkte in kürzerer Zeit herzustellen. Der Antrieb der Maschinen durch die Dampfmaschine hat auch dazu beigetragen, dass die Maschinen weiterentwickelt und damit immer moderner wurden.

Bald entstand auch die Idee, die Dampfmaschine zum Antrieb von selbst fahrenden Fahrzeugen, den Vorläufern unserer Autos, zu nutzen.

Das gelang auch, obwohl es zunächst sehr aufwändig war. Man musste zu viel Kohle und Wasser mitnehmen, was zu schwer war für Fahrzeuge im Straßenverkehr. Erst durch die Weiterentwicklung der Dampfmaschine konnten größere Fahrzeuge, wie die Eisenbahn auf Schienen, angetrieben werden. Das war 1835, als die erste Eisenbahnstrecke in Deutschland von Nürnberg nach Fürth eingeweiht wurde.

Die Erfindung der Dampfmaschine als Antriebselement hat zur Industrialisierung in Europa beigetragen.

Heute fahren nur noch einige Kleinbahnen in Urlaubsgebieten mit Dampfmaschinen als Antrieb. Dampflokomotiven haben inzwischen Seltenheitswert und sind überall dort, wo sie noch fahren, eine Attraktion. Die gebräuchlichsten Antriebselemente sind heute der Verbrennungsmotor und der Elektromotor. In Zukunft wird der Elektromotor den Verbrennungsmotor verdrängen.

Was alles angetrieben wird

- Düsenflugzeug
- Spielzeugautos
- Schiffe
- Motorräder
- Personenkraftwagen
- Lastkraftwagen
- Lokomotive
- Hubschrauber
- Kräne
- Mondauto
- Straßenbahnen
- Busse
- Fahrräder
- Rasenmäher
- Bohrmaschine
- Mixer
- Staubsauger
- Roboter
- Rakete
- Spielzeugflieger
- Ruderboot

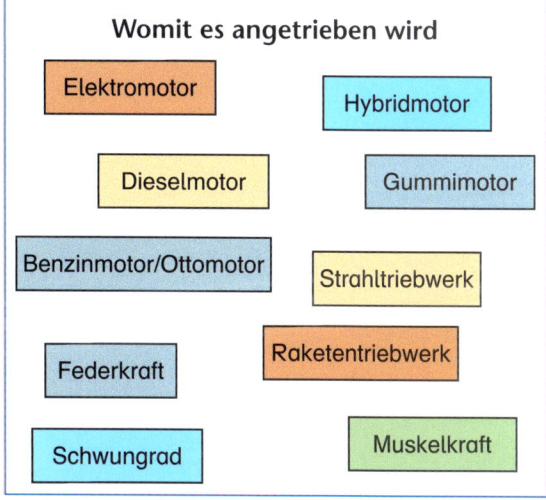

Womit es angetrieben wird

Elektromotor · Hybridmotor · Dieselmotor · Gummimotor · Benzinmotor/Ottomotor · Strahltriebwerk · Raketentriebwerk · Federkraft · Muskelkraft · Schwungrad

Der Verbrennungsmotor

Der Traum der Menschheit vom selbst fahrenden Fahrzeug ging mit dem ersten Automobil von Karl Benz im Jahr 1887 in Erfüllung. Nach der Art des Kraftstoffes, mit dem die Fahrzeuge angetrieben werden, unterscheiden wir Benzin- und Dieselmotoren. Die Erfinder waren Nikolaus Otto und Rudolf Diesel.

Der Kraftstoff, den wir an der Tankstelle tanken, wird im Motor verbrannt und liefert so unsere Antriebsenergie. Aus diesem Grund bezeichnet man beide Motoren auch als Verbrennungsmotoren. Im Kraftstoff ist chemische Energie gespeichert, die im Motor durch die Verbrennung in mechanische Energie umgewandelt wird. Das ist die Energie, die nötig ist, damit sich die Räder drehen.

Verbrennungsmotoren haben jedoch einen großen Nachteil. Durch die Verbrennung des Kraftstoffes werden schädliche Abgase erzeugt. Deshalb können sie auch nicht in Fabriken als Antriebselemente für Maschinen eingesetzt werden.

> Verbrennungsmotoren wandeln chemische Energie in mechanische Energie um, die zu den Rädern weitergeleitet wird.

Der Elektromotor

Der Elektromotor erzeugt keine Abgase und ist sehr viel leiser als der Verbrennungsmotor. Deshalb kann er besonders in Haushalten und Betrieben vielseitig eingesetzt werden.

Der Elektromotor ist ein sehr umweltfreundliches Antriebselement. Auch aus diesem Grund wurden die Dampflokomotiven durch Elektroloks ersetzt.

> Der Elektromotor wandelt elektrische Energie in mechanische Energie um.

Auch in einige Personenkraftwagen und Bussen hat man aus diesem Grund versuchsweise Elektromotoren als Antrieb eingebaut. Die elektrische Energie liefert ein Akkumulator, der aber immer wieder aufgeladen werden muss. Ein PKW mit Elektromotor kann gegenwärtig etwa 600 km ohne Nachladen fahren.

1 Nenne Haushaltsgeräte und Maschinen, die durch einen Elektromotor angetrieben werden.

2 Gestalte eine Übersicht, in der du Vor- und Nachteile von Verbrennungsmotoren und Elektromotoren aus dem Text gegenüberstellst.

3 Schreibe am Computer eine Tabelle und ordne die abgebildeten Antriebselemente den Maschinen zu.

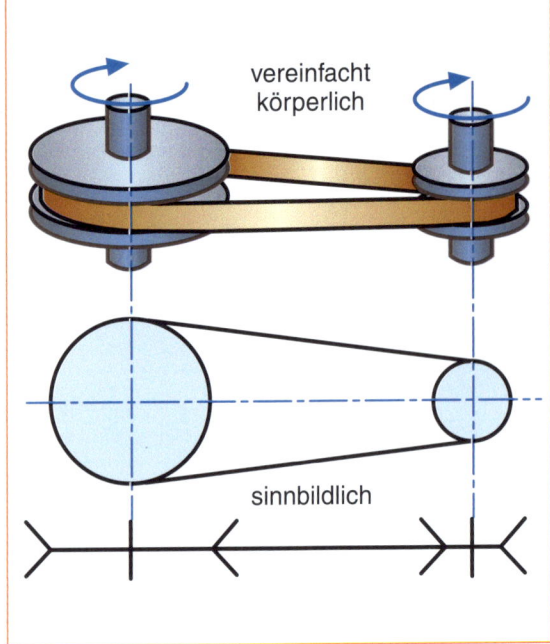

vereinfacht
körperlich

sinnbildlich

Zeichnerische Darstellung des Riemengetriebes

Transmission

Übertragungselemente

Typische Übertragungselemente sind Getriebe. Getriebe leiten die Energie nicht nur weiter, sie verteilen sie auch. Dabei können Bewegungen ins Schnellere oder ins Langsame übersetzt werden. Ebenso ermöglichen Getriebe die Änderung der Bewegungsform oder der Drehrichtung.

Ändern der Bewegungsform heißt beispielsweise, eine Drehbewegung in eine geradlinige Bewegung umzuwandeln oder umgekehrt. Mit der Änderung der Drehrichtung können wir zum Beispiel bestimmen, ob wir mit dem Auto vorwärts oder rückwärts fahren wollen.

Ein Akkuschrauber wird zum Beispiel zum Schrauben (Rechtslauf) oder Lösen der Schraubverbindung (Linkslauf) benötigt. Die Drehrichtung muss demzufolge geändert werden können. Auch ein Auto, das nur vorwärts fahren könnte, würde wahrscheinlich niemand kaufen. Also muss das Getriebe den Wechsel zwischen Vorwärts- und Rückwärtsgang übernehmen.

Im Folgenden sollen die wichtigsten Getriebearten genauer vorgestellt und ihre Einsatzmöglichkeiten gezeigt werden.

Riemengetriebe

Antriebe sind nicht immer exakt an dem Ort verfügbar, an dem die Bewegung gebraucht wird. Ist dies der Fall, verwendet man z. B. Riemengetriebe. Diese ermöglichen, Energie und Bewegung über bestimmte Entfernungen zu übertragen.

> Mit Riemengetrieben lassen sich Drehzahl und Drehrichtung ändern. Es gibt Flach-, Keil- und Zahnriemengetriebe.

Früher wurden Riemengetriebe eingesetzt, um die Drehbewegung einer Dampfmaschine über ein ganzes Fabrikgebäude zu verteilen. Auch heute finden wir vielseitige Einsatzmöglichkeiten dieser Getriebe. Als Keilriemen oder Zahnriemen werden sie in Kraftfahrzeugen ebenso verwendet wie bei der Kreissäge oder der Ständerbohrmaschine im Technikraum der Schule. Das Prinzip ist ganz einfach. Zwei oder mehrere Riemenscheiben werden mit einem Keil- oder Zahnriemen verbunden. Dabei ist es sogar möglich, die Drehrichtung zu beeinflussen.

Keilriemen einer Säulenbohrmaschine

Zahnriemen am Fahrrad

Normalerweise laufen die Räder in die gleiche Richtung; kreuzt man den Riemen, drehen sie sich entgegengesetzt. Bei Keilriemen erfolgt die Übertragung der Bewegung und die damit verbundene Weiterleitung der Energie durch das physikalische Prinzip der Reibung. Der Riemen muss gespannt werden, damit tritt zwischen Riemenscheibe und Riemen eine Reibungskraft auf. Man nennt dies eine kraftschlüssige Übertragung. Wird ein Zahnriemen eingesetzt, ist die Form des Riemens und der Scheiben für die Übertragung verantwortlich. Daher spricht man hier von einer formschlüssigen Übertragung.

Auch Nähmaschinen verfügen über ein Riemengetriebe, allerdings nicht zur Umwandlung der Bewegungsform. Wir müssen also weiter suchen.

1 Nenne Beispiele, bei denen Riemengetriebe zum Einsatz kommen.

2 Wodurch wird bei einem Riemengetriebe die Änderung der Drehzahl erreicht?

3 Baue mithilfe des Baukastens ein gekreuztes Riemengetriebe. Beobachte!

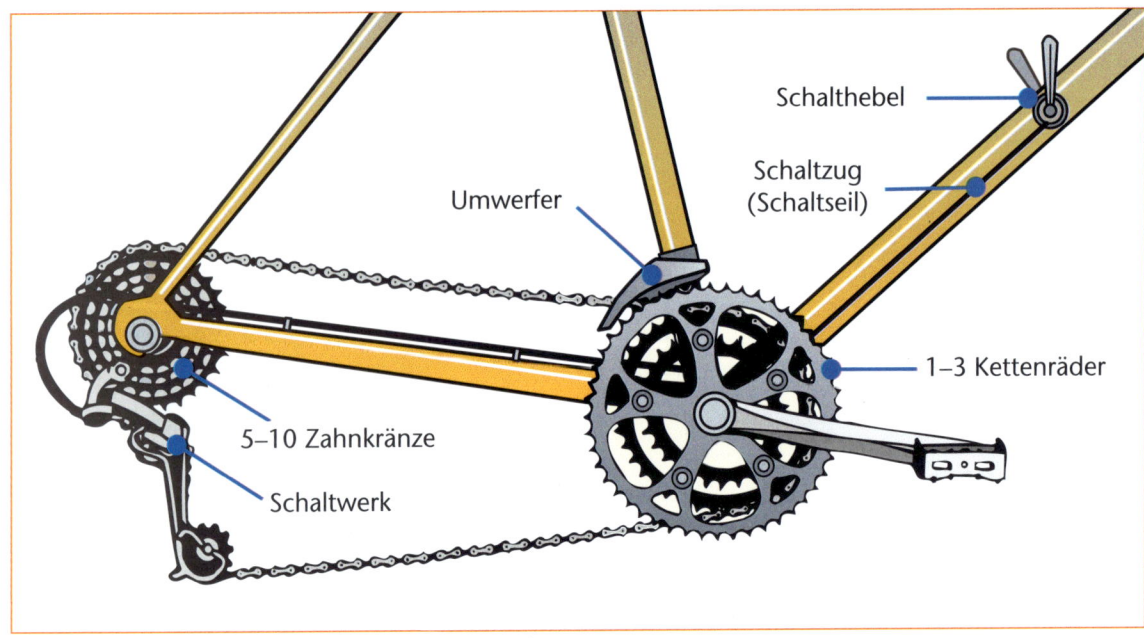

Kettengetriebe am Fahrrad

Im Bild beschriftet: Schalthebel, Schaltzug (Schaltseil), Umwerfer, 1–3 Kettenräder, 5–10 Zahnkränze, Schaltwerk

Kettengetriebe

Kannst du dir ein Fahrrad mit Flachriemengetriebe vorstellen? Sicher nicht, denn wenn du bergauf fährst, könnte es passieren, dass der Riemen rutscht und du nicht vorwärtskommst. Es sei denn, es ist ein Zahnriemengetriebe, das vereinzelt auch bei Fahrrädern eingebaut wird.

Wenn größere Kräfte übertragen werden sollen, werden Kettengetriebe eingesetzt. Beim Kettengetriebe sind zwei oder mehrere Kettenräder durch eine Kette verbunden. Die Zähne des Kettenrades sind so geformt, dass sie genau in die Zwischenräume der Kette passen. Man nennt diese Übertragung daher formschlüssig.

> Kettengetriebe sind formschlüssige Getriebe zur Übertragung großer Kräfte.

Auf diese Weise ist es möglich, die Drehbewegung des Kettenrades über die Kette auf das Ritzel am Hinterrad zu übertragen.

Durch unterschiedlich große Kettenräder ergibt sich eine Änderung der Drehzahl am Antriebsrad. Damit ist gleichzeitig eine Änderung der Antriebskraft verbunden. Wir merken das beim Treten, wenn wir einen Berg hinauffahren und in einen anderen Gang schalten. Wir haben dann das Übersetzungsverhältnis an unserem Kettengetriebe verändert.

Kettengetriebe werden immer dann eingesetzt, wenn die Wellen zur Übertragung der Drehbewegungen weit auseinanderliegen, so wie das beim Fahrrad der Fall ist. Ein Rutschen der Kette, wie beim Riemengetriebe, ist nicht möglich. Voraussetzung dafür ist, dass die Kette auch immer richtig gespannt ist. Ist das nicht der Fall, kann sie über die Zähne des Kettenrades rutschen. Damit die Kette sich nicht schnell abnutzt, muss sie immer gut geölt sein. Jedes einzelne Kettenglied muss sich leicht bewegen können.

> Kettengetriebe müssen gut gepflegt werden. Dazu gehört das Reinigen der Kette und der Kettenräder sowie das Spannen und Ölen der Kette.

Wird das Kettengetriebe beispielsweise bei unserem Fahrrad nicht entsprechend gepflegt, nutzt sich die Kette schneller ab und muss erneuert werden. Darüber hinaus müssen wir mehr Kraft beim Treten aufwenden.

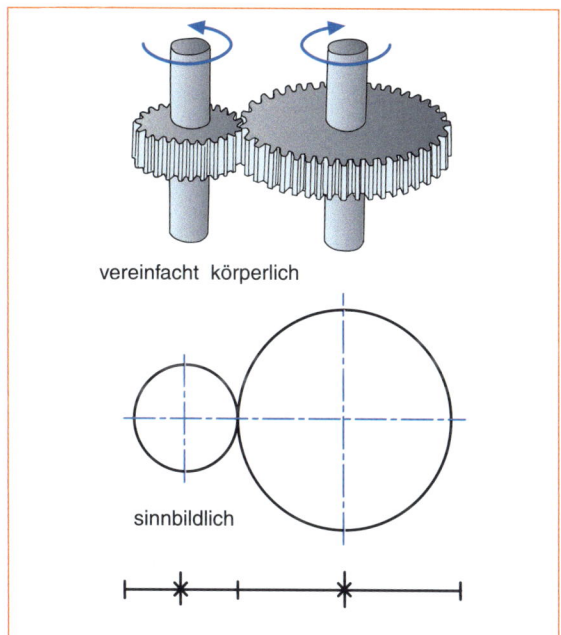

vereinfacht körperlich

sinnbildlich

Darstellung von Stirnradgetrieben

Stirnradgetriebe mit Zwischenrad

Zahnradgetriebe

Die große Leistung, die der Motor in einem PKW oder LKW liefert, muss auf die Räder übertragen werden. Hier werden Zahnradgetriebe eingesetzt. Durch sie können große Kräfte übertragen werden. Wie schon beim Kettengetriebe ist die Bewegungsübertragung formschlüssig. Ein Rutschen der Zahnräder ist damit ausgeschlossen. Mit Zahnradgetrieben können nicht nur viele Übersetzungsverhältnisse erreicht werden, auch die Änderung des Drehsinns ist möglich.

Zahnradgetriebe bestehen aus mindestens zwei Wellen mit den entsprechenden Zahnrädern. Die Zahnräder greifen formschlüssig ineinander.

Stirnradgetriebe

Bei den meisten Zahnrädern befinden sich die Zähne an der Stirnseite. Daher heißen sie Stirnräder. Stirnräder sind die am einfachsten aufgebauten Zahnräder; sie werden sehr häufig verwendet. Wenn zwei Zahnräder ineinandergreifen, drehen sie sich in unterschiedliche Richtungen. Diese

Wirkung ist aber nicht überall erwünscht. Die Lösung ist der Einbau eines Zwischenrades, wie es die Abbildung oben zeigt. Die Drehrichtung des Antriebsrades und des getriebenen Rades ist jetzt diegleiche.

Mit Stirnradgetrieben ist eine Energieübertragung, eine Drehzahl- und eine Drehsinnänderung möglich. Die meisten Stirnradgetriebe sind schaltbar.

Das Übersetzungsverhältnis ändert sich durch das Zwischenrad nicht. Der Fahrer im Pkw legt durch das Schalten fest, welche Zahnräder im Eingriff sind. Er kann damit die Geschwindigkeit des Fahrzeuges bestimmen und stellt auch die notwendige Kraft bereit, um einen Berg hinaufzufahren.

1 Warum wird beim Fahrrad kein Zahnradgetriebe eingesetzt?

2 Begründe, warum sich durch den Einbau eines Zwischenrades das Übersetzungsverhältnis nicht ändert. Führe dazu Versuche mit dem Baukasten durch.

Kegelradgetriebe in einer alten Mühle

Schneckengetriebe

Weitere Getriebearten

Kegelradgetriebe

So vielfältig wie die Aufgaben, die mithilfe der Maschinentechnik zu lösen sind, sind auch die Anforderungen an Getriebe. Die bisherigen Getriebe hatten alle eines gemeinsam: die Wellen des antreibenden Rades und des getriebenen Rades lagen parallel zueinander. Was tun, wenn die Wellen winklig zueinander liegen wie im Fall der alten Mühle im Bild oben? Hier werden Kegelräder eingesetzt. Der Name sagt schon einiges über die Form dieses Zahnradtyps. Sie gleicht einem Kegelstumpf. Die Räder sind im Normalfall in einem Winkel von 45° abgeschrägt. Greifen zwei solche Zahnräder ineinander, wird die Drehbewegung rechtwinklig übertragen. Die Form der Bewegung ändert sich nicht, sie bleibt eine Drehbewegung.

> Bei Kegelradgetrieben liegen die Wellen meistens im Winkel von 90° zueinander.

Schneckengetriebe

Du könntest bisher den Eindruck gewonnen haben, Getriebe bestehen ausschließlich aus Rädern. Bei allen bisherigen Übertragungselementen war das auch der Fall.

Zahnräder greifen jedoch nicht immer in ein anderes Zahnrad. Bei Schneckengetrieben ist das Gegenstück zum Zahnrad eine Schnecke. Die Schneckenwindungen sehen wie das Gewinde einer Schraube aus.

Die Wellen liegen bei diesem Getriebe winklig zueinander. Die Schnecke treibt immer das Schneckenrad an, nie umgekehrt. Sie dreht sich mit einer wesentlich höheren Geschwindigkeit als das Schneckenrad. Daraus können wir erkennen, dass das Getriebe immer da eingesetzt wird, wo die Übersetzung ins Langsame notwendig ist und gleichzeitig große Kräfte erforderlich sind. Das ist beispielsweise bei Seilwinden und der Lenkung von großen Fahrzeugen, wie Lkws, der Fall.

Das Schneckengetriebe hat eine Besonderheit. Da die Bewegung immer nur in eine Richtung funktioniert, von der Schnecke zum Schneckenrad, kannst du bei einer Seilwinde die Kurbel loslassen, ohne dass sich die Last wieder nach unten bewegen kann. Probiere das einmal mithilfe des Modells einer Seilwinde aus.

> Bei einem Schneckengetriebe wird die Drehzahl immer ins Langsame übersetzt. Die Drehbewegung wird über die Schnecke zum Schneckenrad übertragen.

Schraubstock

Maschinenbügelsäge

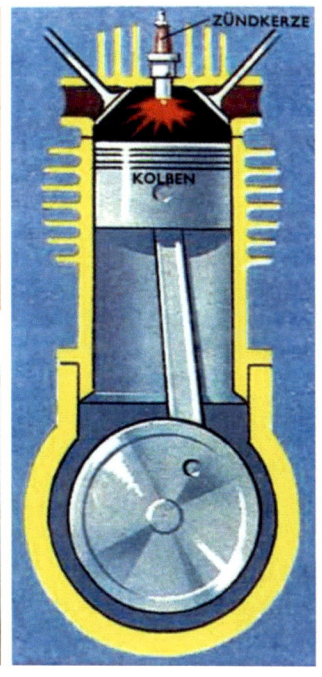

Kurbeltrieb am Ottomotor

Zahnstangengetriebe der Bohrmaschine

Schraubengetriebe

Der Schraubstock verdankt diesem Getriebe seinen Namen. Mit einer Maschinenschraube mit Mutter kannst du die Funktionsweise nachvollziehen. Wenn du die Mutter auf der Schraube drehst, bewegt sich entweder die Mutter oder die Schraube in eine Richtung. Sie führt dabei eine geradlinige Bewegung aus. Beim Schraubstock drehst du also die Mutter, und der Schlitten bewegt sich geradlinig.

> Das Schraubengetriebe wandelt eine schnelle Drehbewegung in eine langsame, geradlinige Bewegung um.

Damit begegnen wir zum ersten Mal einem Getriebe, das die Bewegungsform ändert.

Zahnstangengetriebe

Die Änderung der Bewegungsform von einer Drehbewehung in eine geradlinige Bewegung nutzt man auch bei der Lenkung von Fahrzeugen, vorwiegend beim Pkw. Hier wird die Drehbewegung des Lenkrades in eine geradlinige Hin- und Herbewegung umgewandelt.

Schubkurbelgetriebe

Auch bei diesem Getriebe kann eine Drehbewegung in eine geradlinige Bewegung umgewandelt werden. Verwendet wird das Getriebe bei der Maschinenbügelsäge zum Sägen von Metall. Ein Elektromotor liefert die Drehbewegung, die das Kurbelgetriebe in die geradlinige Bewegung der Säge umformt.

Der Kurbeltrieb im Verbrennungsmotor hat den gleichen Aufbau. Aber hier wird die geradlinige Bewegung des Kolbens in eine Drehbewegung der Kurbelwelle umgeformt.

> Ein Schubkurbelgetriebe wandelt eine Drehbewegung in eine geradlinige Bewegung um oder umgekehrt.

1 Baue ein funktionstüchtiges Modell eines Schubkurbelgetriebes aus Pappe und erkläre daran seine Funktion.

Technische Systeme

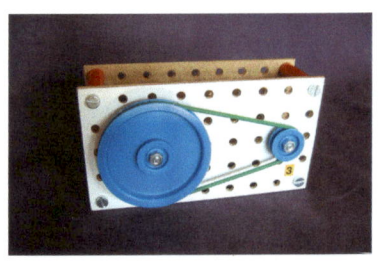

Riemengetriebe

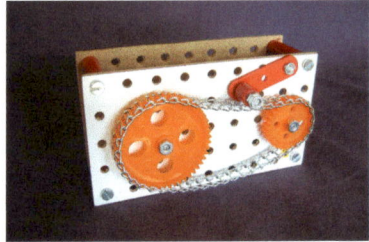

Kettengetriebe

Stirnradgetriebe

Kegelradgetriebe

Schneckengetriebe
mit Zahnstange

Kurbelgetriebe

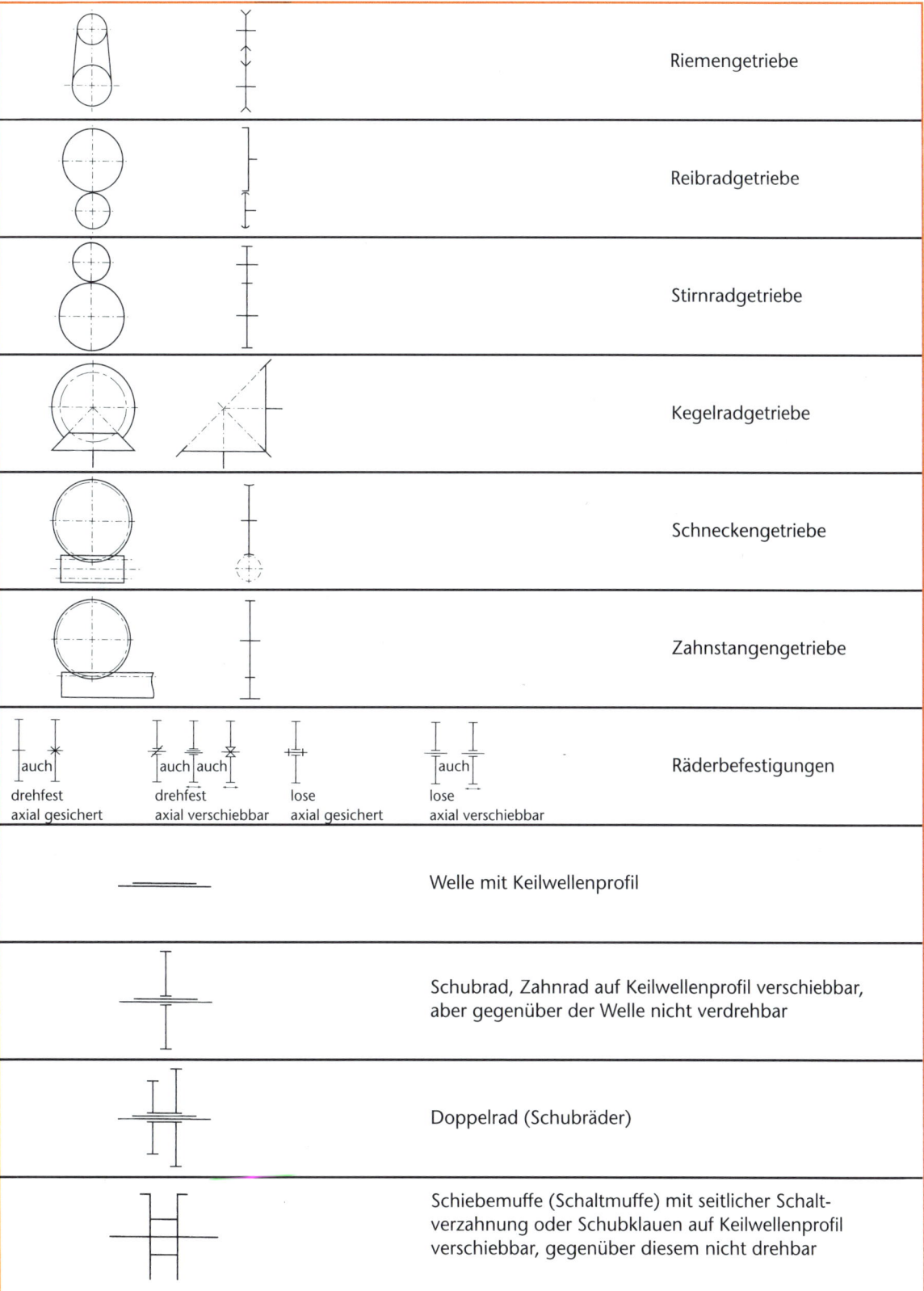

	Riemengetriebe
	Reibradgetriebe
	Stirnradgetriebe
	Kegelradgetriebe
	Schneckengetriebe
	Zahnstangengetriebe
	Räderbefestigungen
	Welle mit Keilwellenprofil
	Schubrad, Zahnrad auf Keilwellenprofil verschiebbar, aber gegenüber der Welle nicht verdrehbar
	Doppelrad (Schubräder)
	Schiebemuffe (Schaltmuffe) mit seitlicher Schalt-verzahnung oder Schubklauen auf Keilwellenprofil verschiebbar, gegenüber diesem nicht drehbar

Räderbefestigungen:

auch

drehfest
axial gesichert

auch   auch

drehfest
axial verschiebbar

lose
axial gesichert

auch

lose
axial verschiebbar

Stromausfall: Es steht keine elektrische Energie zur Verfügung

Energie von früh bis spät

Ohne Energie ist das Leben der Menschen heute auf der Erde kaum vorstellbar. Den ganzen Tag über nutzen wir unterschiedliche Energieformen. Elektrische Energie benötigen wir am häufigsten. Das fängt morgens mit dem Radiowecker an und endet abends beim Ausschalten der Lampe am Bett. Im Lauf des Tages nutzt du viele technische Geräte und Maschinen: Elektroherd, Mikrowelle, Kühlschrank, Radio und Fernseher sind für dich selbstverständlich.

Was aber passiert, wenn für längere Zeit der Strom ausfällt? Die mit elektrischer Energie betriebenen Geräte und Maschinen sind nicht einsatzfähig. Nach einigen Tagen müsstest du gekühlte und eingefrorene Lebensmittel wegwerfen, weil Nahrungsmittel schnell verderben und du nicht so viel essen kannst. Du hättest kein elektrisches Licht, der matte Kerzenschein würde nur wenig Helligkeit im Raum verbreiten. Heizungen funk-

tionieren nicht mehr, da die Pumpen mit elektrischer Energie angetrieben werden. Möchtest du auf Fernseher, Radio, Computer und Telefon verzichten? Das wäre für dich sicher unvorstellbar! Es zeigt aber, wie abhängig wir von Energie und Maschinen geworden sind.

Diese Abhängigkeit wird uns bewusst, wenn durch einen Störfall beim Energieversorger der Strom für kurze Zeit abgeschaltet wird. Nach der schweren Flutkatastrophe in Sachsen im Sommer 2002 mussten viele Menschen diese schmerzhafte Erfahrung machen. In tausenden Haushalten fehlte über eine Woche die elektrische Energie.

Wollen wir Maschinen und technische Geräte nutzen, benötigen wir Energie. Elektrische Energie ist die häufigste Energieform im Haushalt.

Wärmekraftwerk in Rostock

Wasserkraftwerk (Flusskraftwerk Freistritz in Österreich)

Die benötigte elektrische Energie finden wir aber nicht irgendwo in der Natur, sie muss aus anderen Energieformen erzeugt werden.

Wo die Energie herkommt

Elektrische Energie, die wir für unsere Maschinen und Geräte benötigen, kommt in dieser Form in der Natur nicht vor. Sie muss aus einer anderen Energie umgeformt werden.

Auf den Feldern sieht man immer häufiger Windräder, die sich bei Wind drehen. Diese Drehbewegung wird zur Gewinnung elektrischer Energie genutzt. Auf die gleiche Weise erzeugen wir die Energie für die Fahrradbeleuchtung mit dem Dynamo. Bei beiden Beispielen wird die Drehbewegung an einen Generator geleitet, der die elektrische Energie erzeugt.

Die Energie, die wir für unsere Maschinen und Geräte in Haushalt und Betrieb benötigen, wird zum großen Teil noch aus Kohle, Erdöl, Erdgas oder Atomkraft gewonnen. Elektrische Energie kann auch mithilfe von Wasser, Sonne oder, wie wir wissen, dem Wind gewonnen werden.

Zur Erzeugung elektrischer Energie ist ein hoher technischer Aufwand notwendig. Das ist auch ein Grund dafür, dass die Energie sehr teuer ist.

Elektrische Energie zu erzeugen ist teuer und aufwändig. Gehen wir sparsam mit ihr um, schonen wir die Umwelt und sparen Kosten.

Sie wird zum größten Teil in Kraftwerken erzeugt, beispielsweise dem Wärmekraftwerk, dem Atomkraftwerk oder dem Wasserkraftwerk. Biogasanlagen verwenden Pflanzen oder Pflanzenreste zur Energiegewinnung. Beim Lagern der Pflanzen entstehen Gase, die brennen. Damit können Motoren betrieben werden, mit denen elektrische Energie erzeugt wird.

1 Notiere alle elektrischen Geräte und Maschinen, die du an einem Tag benutzt.

2 Stelle dir vor, du müsstest einen Tag ohne elektrische Geräte und Maschinen auskommen. Schreibe darüber eine Geschichte: *Der Tag, an dem der Strom ausfiel.*

3 Überlege dir drei Vorschläge, wie du zu Hause elektrische Energie sparen kannst, und schreibe sie auf. Berate die Vorschläge mit deiner Familie.

Benötigte Materialien:
1 Zitrone
1 Stahlnagel, 1 Kupfernagel
Klingeldraht
Voltmeter
(evtl. Glühlampe unter 3 Volt)

Zitronenbatterie

Verschiedene Batterien

Erzeugung elektrischer Energie

Batterien und Akkus

Das Vorhandensein elektrischer Energie ist für uns völlig selbstverständlich. Kleinkinder spielen schon mit Spielzeug, das elektrisch angetrieben wird. Es sind Batterien oder Akkus, die Spielzeug, Uhren, Taschenlampen, MP3-Player oder Handys mit elektrischer Energie versorgen.

In einer Batterie und in einem Akku ist chemische Energie gespeichert. Wenn wir ein Gerät anschließen und einschalten, wird die chemische Energie in elektrische Energie umgewandelt. Akkus können wieder aufgeladen werden. Dabei wird elektrische Energie wieder in chemische Energie umgewandelt.

> Eine Batterie kann nicht wieder aufgeladen werden. Ein Akkumulator kann mehrfach aufgeladen werden. Batterien und Akkus gehören in den Sondermüll.

Mit einem Experiment könnt ihr herausfinden, wie eine Batterie funktioniert. Nehmt zwei verschiedene Metalle, am besten einen Kupfernagel oder ein Kupferblech und einen verzinkten

Stahlnagel und steckt sie in eine Zitrone.
Der eine ist der Minuspol, der andere der Pluspol. Verbindet diese durch Kabel mit einem Messinstrument, und ihr werdet sehen, dass ein Strom fließt. Verantwortlich dafür ist die Säure in der Zitrone. Vielleicht gelingt es euch, auch eine kleine Lampe zum Leuchten zu bringen.

Die Batterien, die wir in der Taschenlampe oder anderen Geräten verwenden, sind ähnlich aufgebaut. Die äußere Hülle besteht aus Zink, dem Minuspol, und in der Mitte ist ein Stab, zum Beispiel aus einer Manganlegierung, der Pluspol. Je nach Art der Batterie können auch andere Metalle verwendet werden. Verbunden werden beide Metalle durch einen Stoff, der den Strom leitet, der Elektrolyt, so wie die Säure in der Zitrone.

Batterien und Akkus werden in verschiedenen Baugrößen und Stärken hergestellt, je nach Gerät, in das sie eingebaut werden. So haben Batterien in der Fernbedienung für den Fernseher eine andere Größe als Batterien für die Armbanduhr oder ein Spielzeugauto.

> Batterien und Akkumulatoren werden in verschiedenen Baugrößen hergestellt. Die Baugröße richtet sich nach dem Gerät, in das sie eingebaut werden sollen.

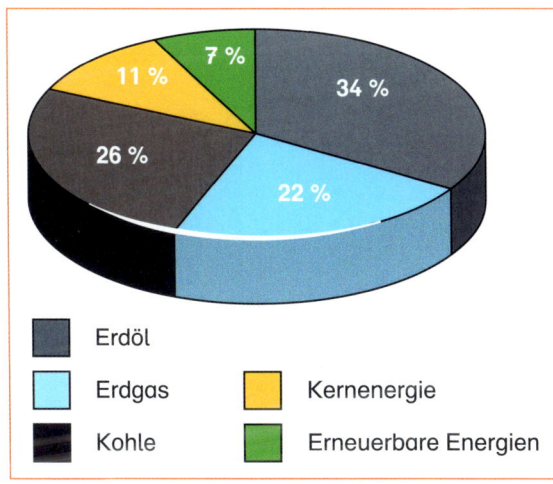

Anteile an der Energiegewinnung

Erdöl

Erdgas

Kohle

Kernenergie

Erneuerbare Energien

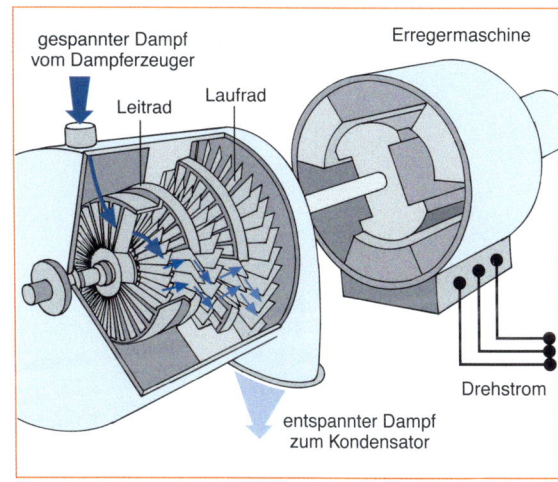

gespannter Dampf
vom Dampferzeuger

Erregermaschine

Leitrad

Laufrad

Drehstrom

entspannter Dampf
zum Kondensator

Turbine und Drehstromgenerator

Wärmekraftwerke

Für Geräte und Maschinen, die wir zu Hause benutzen, reichen Batterien oft nicht aus. Dafür liefern uns die Kraftwerke elektrische Energie. Für die Versorgung mit elektrischer Energie sorgen in Deutschland vor allem Wärmekraftwerke. Die notwendige Wärme wird durch Kohle, Kernenergie oder Gas erzeugt. Wie wird nun z. B. aus Kohle Strom?

Das geschieht in drei Stufen:

- Durch Verbrennen von Kohle, Erdgas, Heizöl oder Müll wird Wasser erhitzt, um damit Dampf zu erzeugen.
- Dieser Dampf wird mit hohem Druck auf Turbinenräder geleitet. Dadurch drehen sich die Turbinen, wie das Bild oben zeigt.
- Die Turbinenwelle ist nun mit einem Generator verbunden, der durch die Drehbewegung die elektrische Energie erzeugt.

Wenn der erhitzte Dampf die Turbinen angetrieben hat, kühlt er wieder ab. Diesen Prozess können wir auch in der Küche beim Kochen beobachten. Dampf schlägt sich am Kochtopfdeckel nieder und kühlt sich dort ab. Dabei können wir beobachten, dass aus dem Dampf wieder Wasser wird. In einem Kraftwerk wird der Dampf in großen Kühltürmen abgekühlt. Der Generator in einem Kraftwerk ist grundsätzlich genauso aufgebaut wie der Dynamo an unserem Fahrrad, er ist nur wesentlich größer.

Das Erzeugen von elektrischer Energie aus Kohle und Erdgas belastet jedoch die Umwelt. Die Ursache sind schädliche Gase, die bei der Verbrennung entstehen und durch die Schornsteine in die Umwelt gelangen. Eines der Gase, CO_2, ist hauptsächlich für die Klimaerwärmung auf der Erde verantwortlich. Darum bemüht man sich, vermehrt erneuerbare Energien wie Wind-, Wasser- und Sonnenenergie zu nutzen.

> Zur Erhaltung des Klimas auf der Erde ist es erforderlich, elektrische Energie umweltfreundlich herzustellen.

1 Schreibe auf, welche verschiedenen Formen von Batterien es gibt. Ordne den Batterien die richtige Bezeichnung zu.

2 Welche Kraftwerksarten gibt es in deinem Bundesland?

3 Führe den Versuch mit der Zitrone auf Seite 94 durch und weise den Stromfluss nach.

4 Lege ein Portfolio zum Nutzen von Sonnenenergie an.

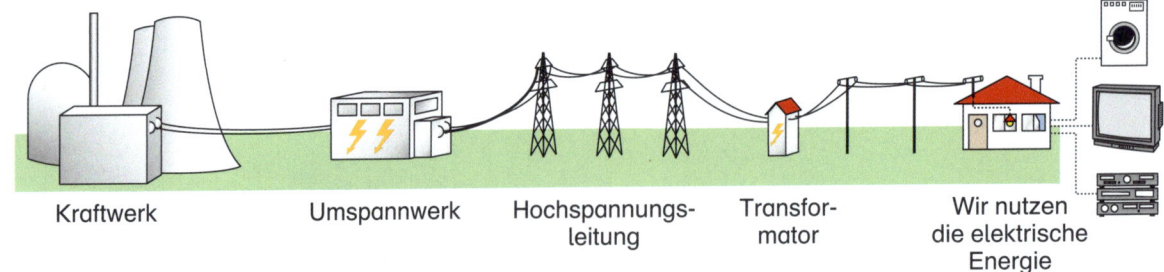

Kraftwerk Umspannwerk Hochspannungs-leitung Transfor-mator Wir nutzen die elektrische Energie

Vom Kraftwerk zum Verbraucher

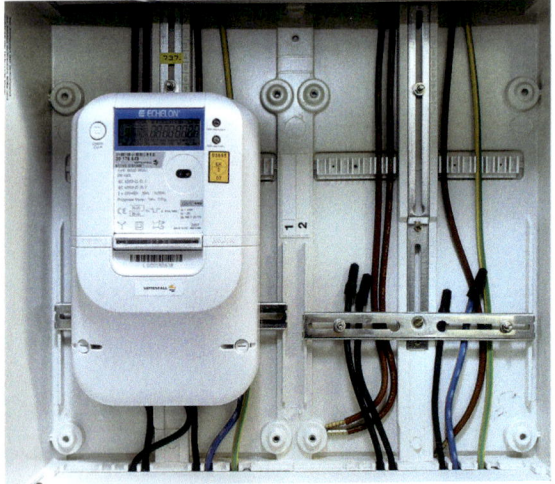

Elektronischer Stromzähler

Umspannwerk

Transport und Nutzung elektrischer Energie

Vom Kraftwerk in die Wohnung

Kraftwerke werden dort gebaut, wo beispielsweise die Kohle gefördert wird oder das Wasser für ein Wasserkraftwerk vorhanden ist. Also muss die elektrische Energie von den Kraftwerken zu den Menschen in die Städte und Dörfer transportiert werden. Das ist oft ein langer Weg.

Der erzeugte Strom aus dem Generator wird zunächst in ein nahe gelegenes Umspannwerk geleitet. Hier wird die anliegende Spannung zur Hochspannung umgeformt. So kann der Strom besser über lange Strecken transportiert werden. Das geschieht mit elektrischen Leitungen entweder über der Erde, an Hochspannungsmasten, oder unterirdisch. Durch solche Leitungen wird der Strom bis zu den Städten geleitet. Das sind oft einige hundert oder tausend Kilometer.

Je nach Bedarf kann der Strom in fast alle Länder Europas geleitet werden. Alle Leitungen zusammen bilden das Stromnetz.

Am Rand von Städten steht dann ein zweites Umspannwerk, das die hohe Spannung in die Spannung umwandelt, die wir im Haushalt für die elektrischen Geräte und Maschinen benötigen.

> Elektrische Geräte und Maschinen in unseren Haushalten werden mit einer Spannung von 230 Volt betrieben.

In jedem Haus gibt es eine Hauptsicherung, die den Stromfluss kontrolliert und bei Gefahr die elektrische Energie abschaltet. Jede Wohnung hat einen eigenen Sicherungskasten, in dem sich für jeden Stromkreis eine Sicherung befindet.

Am Zähler kann abgelesen werden, wie viel elektrische Energie jeder Haushalt verbraucht hat.

Mechanische Energie

Mechanische Energie

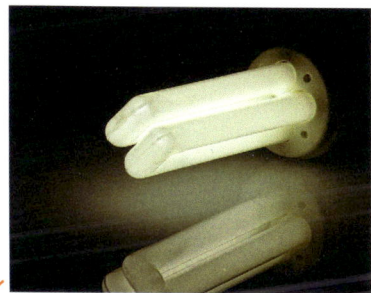

Lichtenergie

Wärmeenergie

Elektrische Energie

Wie wir Elektroenergie nutzen

Im Kraftwerk wird mechanische Energie in elektrische Energie umgewandelt. Wir nutzen diese Energie, indem wir sie in den unterschiedlichen Geräten und Maschinen wieder in eine andere Energieform umwandeln. Das sind mechanische Energie, Wärmeenergie, Lichtenergie.

- *Mechanische Energie* nutzen wir beispielsweise bei der Bohrmaschine, zum Drehen der Trommel in der Waschmaschine oder bei der Straßenbahn. Bei diesen Maschinen wird in einem Elektromotor die elektrische Energie in mechanische Energie umgewandelt. In Zukunft werden auch mehr Autos auf den Straßen mit einem Elektromotor fahren.
- *Wärmeenergie* nutzen wir in der Küche beim Kochen und Backen mit dem Elektroherd oder beim Fönen der Haare.
- *Lichtenergie* nutzen wir den ganzen Tag. Beim Aufstehen spendet uns die Nachttischlampe Licht. Wir könnten nicht fernsehen, wenn der Bildschirm nicht leuchten würde, und abends beleuchten uns die Straßenlaternen den Weg nach Hause. Batterien liefern die Energie für das Licht der Taschenlampe.

Ob zu Hause, in der Schule oder im Betrieb der Eltern: in fast jedem Raum kann mithilfe von Steckdosen und Schaltern die elektrische Energie genutzt werden. Um das zu realisieren, benötigt der Elektriker mehrere hundert Meter Elektrokabel, die in Form verschiedener Schaltungen miteinander verbunden sind. Dazu gehören die Parallel- und Reihenschaltung, mit der wir auch in der Schule arbeiten.

Elektrische Energie kann in Form von mechanischer Energie, Lichtenergie und Wärmeenergie genutzt werden.

1 Sieh dir im Beisein von Erwachsenen zu Hause an, wo die Sicherungen in der Wohnung sind. Lass sie dir erklären.

2 Erstelle eine Tabelle und ordne Geräte und Maschinen den Energieformen zu: Wärmeenergie, mechanische Energie, Lichtenergie.

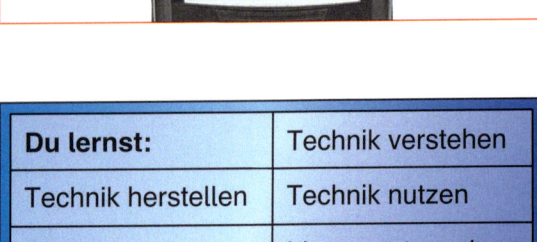

Du lernst:	Technik verstehen
Technik herstellen	Technik nutzen
Technik bewerten	Ideen austauschen

Vom Signal zur Information

Signale im Alltag

Jimmys Oma wohnt im Nachbarort. Wenn er sie besucht, fährt er meist mit dem Fahrrad. Dabei ist es wichtig, dass sich Jimmy im Straßenverkehr richtig verhält.

Gleich vor seiner Haustür beginnt der Radweg. Das blaue Schild mit weißem Rad deutet darauf hin. Manchmal laufen Fußgänger gedankenlos auf den Radweg. Dann ist es wichtig, dass die Klingel am Fahrrad funktioniert. So kann Jimmy die Fußgänger warnen. Am Ende der Straße muss Jimmy rechts abbiegen. Sein Handzeichen macht die anderen Verkehrsteilnehmer darauf aufmerksam. Die Ampel schaltet gerade auf grün und Jimmy kann durchstarten. Doch plötzlich

hält Jimmy doch noch an und steigt vom Rad. Er beobachtet, wohin der schnell näher kommende Krankenwagen mit Blaulicht fährt.

Nun muss Jimmy nur noch den Bahnübergang passieren, dann ist er am Ziel. Aber das rote Lichtsignal und die sich schließende Halbschranke zeigen ihm, dass ein Zug naht. Er muss warten, bis das rote Licht wieder erlischt und die Schranke sich öffnet.

Endlich erreicht Jimmy Omas Haus. Er klingelt an der Haustür und Oma öffnet ihm.

Im gleichen Moment vibriert Jimmys Handy. Auf dem Display ist ein kleiner Umschlag zu sehen. Max hat eine Nachricht geschrieben und fragt nach, ob die beiden sich treffen wollen. Jimmy antwortet: „Heute nicht!" Jimmy freut sich auf einen gemütlichen Nachmittag bei Oma.

Der kurze Klingelton der Mikrowelle zeigt an, dass die heiße Schokolade bereits fertig ist. Hinter jedem Signal verbirgt sich eine Information.

Signale sind Träger von Informationen.

$\vdash\backslash$	Schalter, allgemein
$E\backslash$	Taster
⌓	Wecker, Klingel
⊗	Lampe, allgemein
⊳⊢	Leuchtdiode LED

Installationsplan der einfachen Klingelanlage   *Schaltplan der einfachen Klingelanlage*   *Wichtige Schaltzeichen*

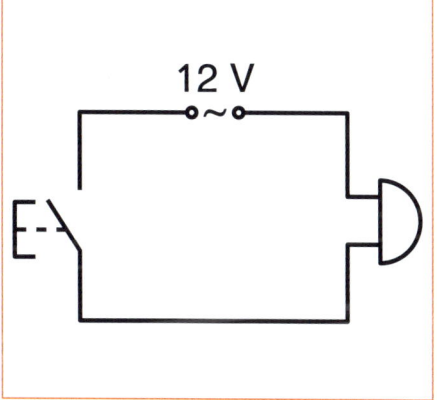

12 V

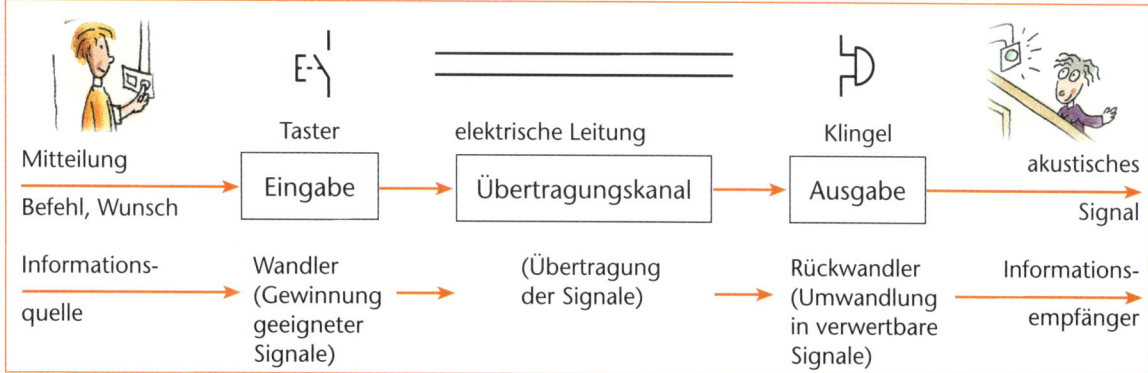

So funktioniert die Informationsübertragung

Signale werden übertragen

Mit der Übertragung eines Signals wird auch die Information weitergegeben. Das passiert, wenn Jimmy an Omas Haustür klingelt. Oma weiß sofort: „Es ist jemand da, Tür öffnen." Jemand möchte mich sehen: Das ist die Information. Mit dem Betätigen des Klingeltasters wird sie eingegeben. Der Stromkreis wird geschlossen. Leitungen übertragen ein elektrisches Signal. In der Wohnung der Oma klingelt es. Dabei wird das elektrische Signal in ein akustisches umgewandelt. Dieses Signal kann die Oma hören. Die Information wird ausgegeben. Die Oma als Informationsempfänger kann sie deuten und freut sich. Sie weiß jetzt, dass jemand zu Besuch kommt, und ahnt wohl auch, dass es sich um Jimmy handelt.

Signale werden zur Übertragung von Informationen genutzt.

1 Schreibe aus dem Text auf Seite 98 die Signale, die damit verbundene Information und das Sinnesorgan, mit dem du das Signal wahrnimmst, in eine Tabelle.

2 Schreibe einen eigenen Text, in dem mindestens fünf Signale aus dem Alltag vorkommen.

3 Erkläre die Aufgaben von Schaltplänen.

4 Nenne Berufsgruppen, die mit Schaltplänen arbeiten.

5 Erprobe die oben abgebildete Schaltung.

6 Sinas Oma hört schwer. Unterbreite einen Vorschlag, wie die Klingelanlage umgebaut werden könnte. Skizziere den Schaltplan. Erprobe die Schaltung.

7 Erweitere die Schaltung so, dass Sinas schwerhörige Oma sowohl in der Küche als auch im Wohnzimmer das Signal wahrnehmen kann.

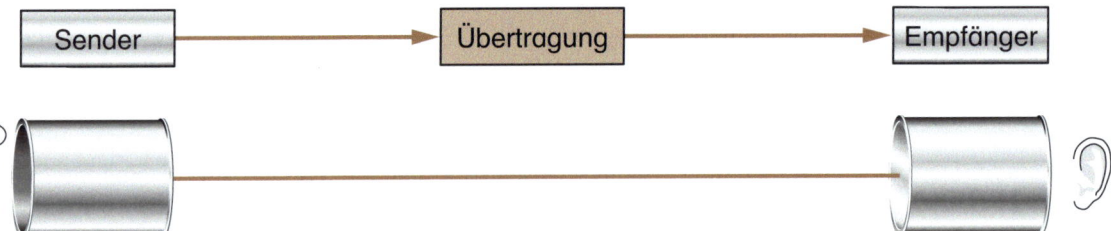

Bindfadentelefon

Ihr braucht:

- 2 Konservendosen (gleich groß)
- 2 Hölzchen (etwas kürzer als der Durchmesser der Konservendosen)
- Akkubohrer mit Bohrer 1,5 mm Durchmesser
- Bindfaden

Informationsaustausch ist wichtig

Wie sich Tiere verständigen

Bestimmt habt ihr schon einmal gehört, wie eine Holztaube nach ihrem Partner ruft. Die Antwort wird nicht lange auf sich warten lassen, wenn er in der Nähe ist. Hunde und Katzen markieren durch Duftnoten ihr Revier. Mit Duftstoffen locken die Weibchen mancher Käfer die männlichen Tiere an.

Wie sich Menschen verständigen

Schon sehr lange lassen Menschen anderen Menschen Nachrichten zukommen. Sicher sind euch schon einmal Höhlenmalerei oder Hieroglyphen begegnet. Mithilfe von Zeichen auf Höhlenwänden, Tierhäuten oder anderen Flächen werden Informationen zum Beispiel über Erlebnisse und Erfahrungen bei der Jagd abgebildet. Die Information kann auf diese Weise an andere übermittelt und für sehr lange Zeit aufbewahrt werden. Bis jetzt ist es aber noch nicht gelungen, alle Zeichen zu deuten. Wissenschaftler arbeiten an der Entschlüsselung der uralten Schriftzeichen. Auch mit unserer heutigen Schrift übermitteln wir Informationen und bewahren sie für längere Zeit auf.

Wenn wir uns unterhalten, verständigen wir uns zur gleichen Zeit am gleichen Ort. Wir tauschen unsere Gedanken direkt und persönlich aus. Wir kommunizieren.

Kommunizieren heißt sich verständigen.

Oft wollen wir Informationen aber auch über größere Entfernungen weitergeben. Danielas Klasse beschließt, dazu ein Experiment durchzuführen. Die Schülerinnen und Schüler bauen ein Bindfadentelefon (siehe die Abbildung oben).
Auf dem Schulhof probieren sie das Bindfadentelefon aus. Daniela und Jessika stehen etwa 20 Meter voneinander entfernt. Jede Schülerin hält eine Konservendose in der Hand, der Bindfaden dazwischen ist gespannt. Daniela ruft „hallo" in ihre Konservendose. Daniela wird damit zum Sender. Der Bindfaden überträgt Schwingungen, die Nachricht wird transportiert. Wenn Jessika die zweite Konservendose an ihr Ohr hält, kann sie das „Hallo" hören. Jessika empfängt die Nachricht.

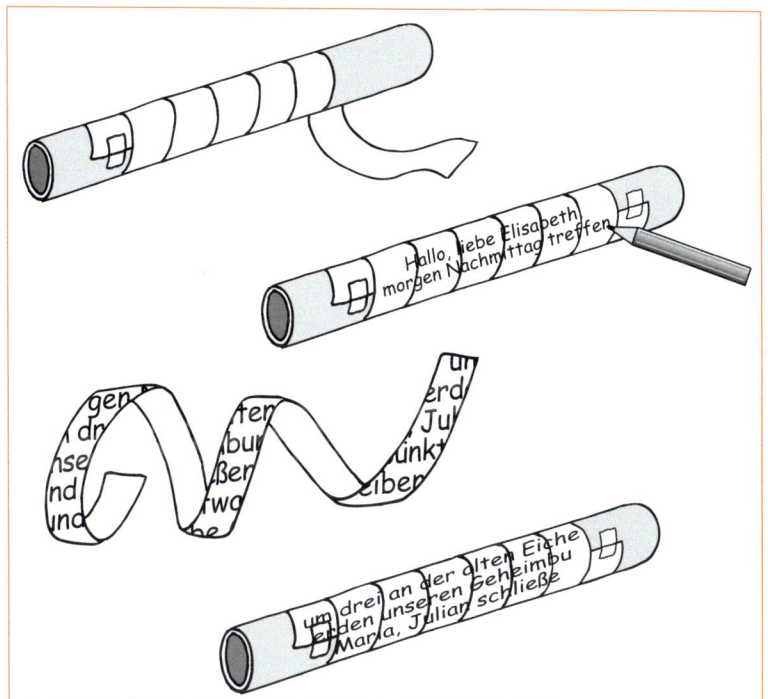

Skytale

Ihr braucht:
- eine Papprolle, z. B. von einer Frischhaltefolie
- einen Papierstreifen, z. B. von einer Tapetenrolle
- Stift und Klebstreifen

Skytale

Jessika könnte jetzt antworten. Dann wäre sie der Sender und Daniela würde zum Empfänger. Beim Bindfadentelefon kann der Informationsaustausch in zwei Richtungen stattfinden. Wenn Jimmy an Omas Wohnungstür klingelt, wird die Information dagegen nur in eine Richtung weitergegeben.

Wenn wir Informationen austauschen, wollen wir aber nicht nur Entfernungen überbrücken. Oft sollen Nachrichten auch über einen langen Zeitraum aufbewahrt werden. Das geschieht beispielsweise, wenn Texte in ein Buch gedruckt werden. Das Buch kann dann jeder lesen, der die Sprache beherrscht, und er kann es zu jedem beliebigen Zeitpunkt tun.

Geheime Botschaften

Aber vielleicht wollt ihr nicht, dass jeder eure Nachricht lesen kann. Dann müsst ihr euch eine Geheimschrift ausdenken, oder ihr baut eine Skytale, wie es die Abbildung oben zeigt.
Dazu wickelt ihr einen Papierstreifen um eine Papprolle. Dann schreibt ihr eure geheime Bot

schaft darauf. Der Text auf dem abgewickelten Papierstreifen ergibt keinen Sinn. Erst wenn der Empfänger den Streifen um eine Rolle wickelt, die den gleichen Durchmesser hat wie die, auf der er geschrieben wurde, wird die Information wieder lesbar.
Früher wurden auf diese Weise geheime Nachrichten durch Boten übertragen, die den Text auf der Innenseite ihres Gürtels mit sich führten. Die Buchstaben schienen willkürlich angeordnet. Nur wer den Durchmesser der Rolle kannte, konnte den Gürtel darumwickeln und so die Nachricht lesen.

1 Nennt weitere Beispiele zur Verständigung von Tieren.

2 Baut ein Bindfadentelefon und erprobt es.

3 Baut eine Skytale nach und erprobt sie.

4 Notiere Vor- und Nachteile des Bindfadentelefons und der Skytale.

Ge-danke	Kodie-rung	Über-tragung	Deko-dierung	Er-kennt-nis
Sender				Empfänger
Kurzvor-trag	Sprache, spre-chen	Schall	Sprache, hören	Sinn des Vortrags
Text	Morse-zeichen	Strom-stöße	Licht-signale	Text
Text	Trom-melspra-che	Schall	Trom-mellaute	Text

Beispiele für Informationsketten

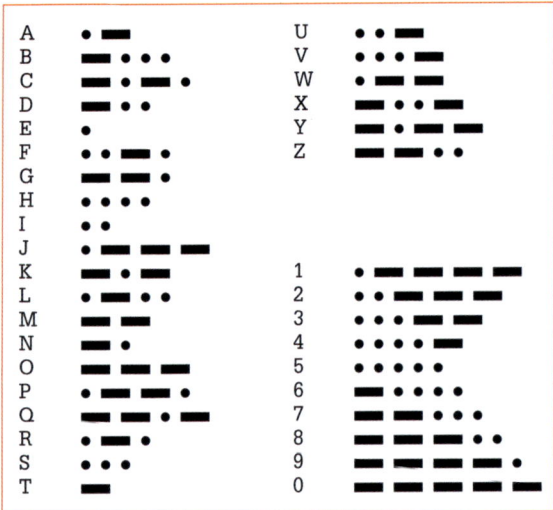

Morsealphabet

Die Übertragung von Informationen

Am Anfang jeder Informationsübertragung steht der Gedanke eines Menschen, den er an einen anderen weitergeben möchte. Ansgar möchte einen Kurzvortrag zur Informationsübertragung mittels Rauchzeichen halten.

Er beginnt: Viele Indianerstämme nutzten Rauchzeichen zur Informationsübermittlung. Sie erzeugten Rauchwolken, Anzahl und Form der Wolken besaßen eine bestimmte Bedeutung. Damit konnte die Information über weite Entfernungen weitergegeben werden. Aber das funktionierte natürlich nur, wenn die Informationsempfänger die Bedeutung der Wölkchen kannten.

Genauso ist es auch heute mit Ansgars Vortrag. Seine Gedanken setzt Ansgar in Sprache um. Schallwellen übertragen seine Worte in den Klassenraum. Die Mitschüler können sie hören. Außer Linh verstehen alle Schülerinnen und Schüler den Sinn des Vortrags. Linh ist neu in der Klasse. Sie kommt aus Vietnam und muss die deutsche Sprache erst noch lernen.

Um Nachrichten verstehen zu können, müssen Sender und Empfänger die Bedeutung der verwendeten Zeichen kennen.

Verschlüsseln von Nachrichten

Nachrichten werden zur Übertragung oft verschlüsselt (kodiert). Das geschieht nicht nur, um sie geheim zu halten, wie das Beispiel Skytale auf Seite 101 zeigt. Meist können die Informationen in ihrer ursprünglichen Form aus technischen Gründen nicht übertragen werden.

Sicher habt ihr schon einmal etwas vom Morsealphabet (Abbildung oben) gehört. Mit dem Morsetelegrafen kann die Sprache nicht direkt übertragen werden. Also werden die Buchstaben aus einer Kombination von kurzen und langen Zeichen zusammengesetzt.

Bei der Betätigung eines Tasters entstehen Stromstöße, die beim Empfänger Tonsignale erzeugen. Wenn der Empfänger diese Signale in Buchstaben zurückverwandeln (entschlüsseln, dekodieren) kann, versteht er die Nachricht. Heute wird das Morsen nur noch in Notfällen oder von Amateurfunkern genutzt.

Kodieren ist das Verschlüsseln, Dekodieren das Entschlüsseln einer Nachricht.

Das Funktionsprinzip der Informationsübertragung mittels Morsealphabet lässt sich mit der auf Seite 99 abgebildeten Schaltung erproben.

Trommel

Ihr braucht:
- ein Stück Teppichrolle
- Zeichenpapier
- Tapetenleim
- einen Holzstab
- Deckfarben
- Ziegenfell
- Filzwolle
- Wollreste

Wenn die Trommel ruft

Trommeln gilt als eine der ältesten Verständigungsmöglichkeiten der Menschen. In Afrika gibt es die Trommelsprache heute noch.

Ihr könnt das Morsealphabet für ein Experiment mit Trommeln abwandeln. Für die kurzen Zeichen verwendet ihr leise Trommelschläge. Die langen Zeichen übertragt ihr mit lauten Trommelschlägen.

Vielleicht habt ihr ja auch Lust, nach weiteren, früher genutzten Möglichkeiten der Informationsübertragung zu forschen und einige auszuprobieren.

Informiert euch beispielsweise über:
- Rufpostenketten,
- Feuer- oder Fackeltelegrafie,
- Winkzeichen mit Flaggen.

Ihr könnt auch in einem Versuch nachweisen, dass bei der Informationsübertragung immer wieder Fehler passieren. Testet zum Beispiel das bekannte Spiel „Stille Post".

Wir leben heute im Informationszeitalter. Das bedeutet, dass unser Leben ohne die ständige Verfügbarkeit von Informationen kaum vorstellbar ist. Längst nutzen wir moderne Technik wie Fernsehgeräte, Computer, Faxgeräte, Mobiltelefone und vieles mehr. Damit können sehr große Mengen an Daten sehr schnell und über weite Entfernungen übertragen werden. Das Prinzip ist aber immer noch das gleiche. Die Informationen werden eingegeben, umgewandelt, übertragen und beim Empfänger wieder ausgegeben.

1 Fertige einen Kurzvortrag zu einer früher genutzten Möglichkeit der Informationsübertragung an.

2 Baut eigene Trommeln. Nutzt dazu ein Stück Teppichrolle und bespannt sie mit einem Ziegenfell.

3 Der Grundkörper der Trommel besteht aus einem Zylinder. Zeichne diesen Zylinder in den Ansichten von vorn und von oben.

4 Trage in deiner Zeichnung die Maße an. Beachte dazu die Regeln der Maßeintragung auf den Seiten 44 und 45.

5 Notiere die zur Herstellung der Trommel erforderlichen Arbeitsschritte, benötigte Werkzeuge und Materialien in einer Tabelle.

6 Erprobt die Trommel, indem ihr unter Verwendung des Morsealphabets einen kurzen Satz übermittelt.

7 Denkt euch einen eigenen Code zum Trommeln aus. Erprobt ihn in Partnerarbeit mit eurem Banknachbarn.

8 Stellt Kriterien zur Bewertung eurer Trommeln, Bindfadentelefone oder Skytale auf. Beurteilt eure Arbeitsergebnisse nach diesen Kriterien.

Wir bewerten: Handys in Schülerhand

Ja, dafür spricht	Nein, dagegen spricht
Meine Eltern können mir ständig Nachrichten senden.	Ich bin immer erreichbar und werde von meinen Eltern kontrolliert.
Ich brauche nicht zu planen, muss mich nicht an Absprachen halten.	Ich spreche zu wenig direkt mit meinen Freunden.
Ein Handy wirkt cool auf dem Pausenhof.	Ich brauche Geld dafür.
Fast jeder Jugendliche hat ein Handy.	Wenn ich vergesse es auszuschalten, störe ich den Unterricht und kann Ärger bekommen.
Ich kann schnell Hilfe holen.	Ich muss dauernd auf das Handy aufpassen.

- Sammelt weitere Gründe für oder gegen ein Handy in der Schule.
- Gestaltet dazu ein Plakat.
- Jeder von euch bekommt drei Klebepunkte für die Bewertung.
- Sucht euch jetzt die drei Gründe aus, die für euch am wichtigsten sind – egal ob dafür oder dagegen –, und klebt eure Punkte dazu.
- Am Ende addiert ihr alle Punkte und stellt ein Ergebnis (Ja oder Nein) für eure Klasse fest.

Ja, dafür spricht		Nein, dagegen spricht	
Meine Eltern können mir ständig Nachrichten senden.		Ich bin immer erreichbar und werde von meinen Eltern kontrolliert.	
Ich brauche nicht zu planen, muss mich nicht an Absprachen halten.		Ich spreche zu wenig direkt mit meinen Freunden.	
Ein Handy wirkt cool auf dem Pausenhof.		Ich brauche Geld dafür.	
Fast jeder Jugendliche hat ein Handy.		Wenn ich vergesse es auszuschalten, störe ich den Unterricht und kann Ärger bekommen.	
Ich kann schnell Hilfe holen.		Ich muss dauernd auf das Handy aufpassen.	
	gesamt: 6		**gesamt: 11**

Ihr könnt auch andere technische Geräte auf diese Weise bewerten.

7 Arbeitsmittel Computer

Eingabe **Verarbeitung** **Ausgabe**

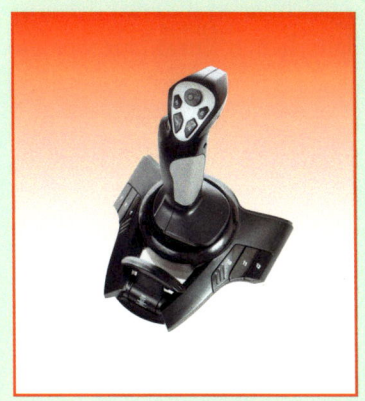  

 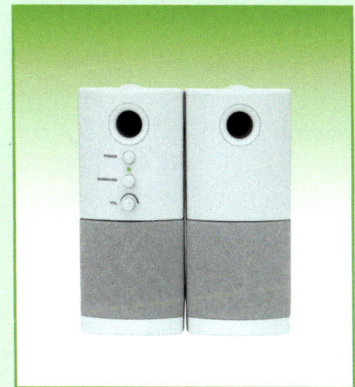

Du lernst:	
	⬭
⬭	Technik nutzen
⬭	⬭

Die ersten Schritte

Du hattest bereits in der Grundschule die Möglichkeit, mit dem Computer zu arbeiten, und kennst auch von zu Hause die wichtigsten Handgriffe, um den Computer zu starten. Da ist die Enttäuschung natürlich groß, dass das in der neuen Schule nicht so funktioniert. Du schaltest den Computer ein, dieser startet auch, aber weiter kommst du nicht!
Die Erklärung ist schnell gegeben, der Computer ist Bestandteil des Netzwerkes deiner Schule und ist nur dann nutzbar, wenn man sich angemeldet hat. Man könnte auch sagen, der Computer lässt sich nur von Nutzern bedienen, die er auch kennt! Also muss man sich ausweisen, bevor es losgehen kann.
Die Anmeldung, auch Einloggen genannt, ist abhängig vom Netzwerk, dessen Bestandteil der Computer ist. In jedem Fall benötigt man einen Benutzernamen und ein Passwort. Diese werden nach der Eingabe mit den im Netzwerk ge-

speicherten Daten verglichen und danach wird entschieden, ob du mit dem Computer arbeiten darfst. So kompliziert das auch klingt, es dauert nur wenige Augenblicke, bis dieser Vorgang abgeschlossen ist. Vergleichbar ist dies mit der Torwache einer mittelalterlichen Burg: Nur wer die Parole sagen konnte, dem wurde Einlass gewährt. Das System, bei dem Benutzernamen und Passwort mit den gespeicherten Daten übereinstimmen muss, wird ebenso bei E-Mail-Adressen und Geldkarten verwendet. Bei allen Beispielen soll verhindert werden, dass eine Benutzung durch Fremde erfolgt. Es wird damit erreicht, dass die eigenen Daten gesichert sind.

> Benutzernamen und Passwort sind notwendig, um sich in einem Computernetzwerk anmelden zu können. Nur so darf der Computer benutzt werden.

So wie die Anmeldung gehört es zur Arbeitsweise in einem Netzwerk, dass man sich nach Beendigung der Arbeit am Computer wieder abmeldet. Damit werden alle Daten wieder „weggeschlossen".
Mit Benutzernamen und Passwort sollte man stets sorgsam umgehen, es ist so wertvoll wie ein Schlüssel zur Wohnungstür.

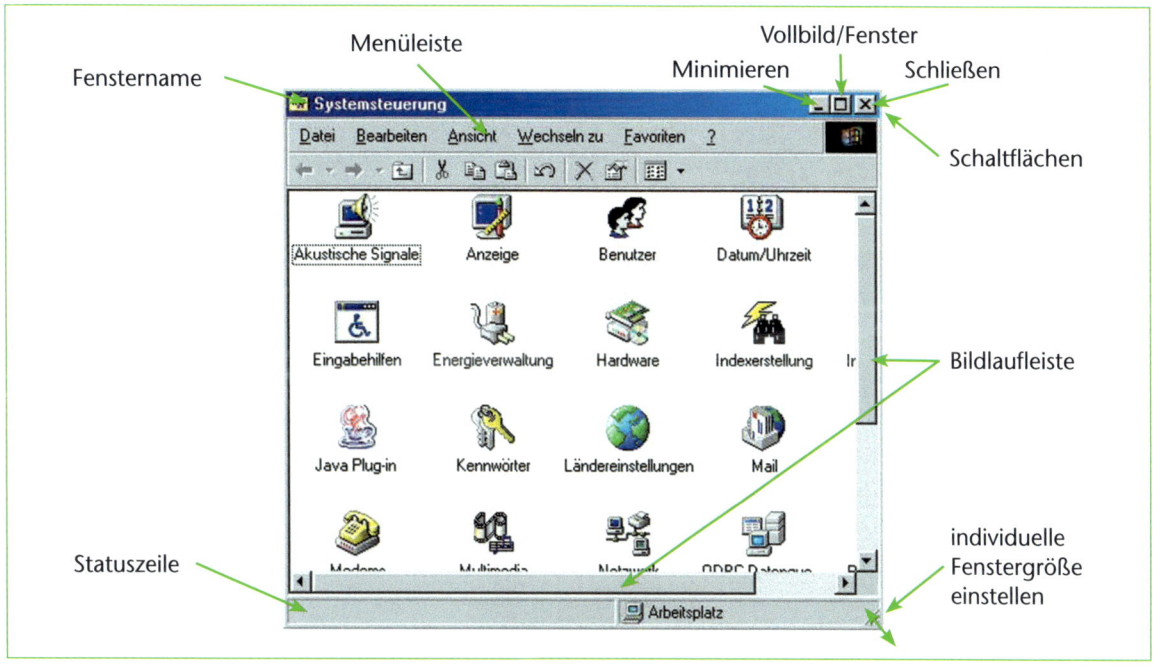

Menüleiste
Fenstername
Vollbild/Fenster
Minimieren
Schließen
Schaltflächen
Bildlaufleiste
individuelle Fenstergröße einstellen
Statuszeile

Bedienen der Benutzeroberfläche

War der Anmelde- und Startvorgang erfolgreich, zeigt sich auf dem Bildschirm des Computers die Benutzeroberfläche. Stell dir vor, du sitzt zu Hause an einem Schreibtisch. Alles, was zum Arbeiten, zur Erledigung der Hausaufgaben usw. benötigt wird, liegt auf dem Schreibtisch bereit. Auch ein Papierkorb ist in der Nähe, denn nicht alles gelingt beim ersten Mal. Genauso sieht es auf dem Desktop des Computers aus. Der Begriff Desktop bedeutet nichts anderes als Schreibtisch.

Die Programme oder Anwendungen, mit denen man arbeiten will, werden mit Symbolen als kleine Bilder, so genannte Icons, angezeigt.

> Den Bildschirminhalt, der nach dem Startvorgang erscheint, nennt man grafische Benutzeroberfläche.

Die Benutzeroberfläche ermöglicht es dem Anwender des Computers, sich mit ihm zu „unterhalten". Dabei reagieren die Symbole auf unterschiedliche Mausfunktionen. Mit einem Doppelklick auf das entsprechende Icon wird ein Programm gestartet.

Nahezu jede Anwendung hat im Programmfenster rechts oben drei Symbole. Mit dem am weitesten rechts stehenden Symbol kann man das Programm schließen. Wird das Programm noch benötigt, verdeckt aber andere Symbole, wird es minimiert. Damit bezeichnet man das Verkleinern des Programmfensters auf die kleinstmögliche Größe. Erreicht wird dies mit einem Klick auf das Minussymbol in der rechten oberen Bildschirmecke. Nun ist der Blick auf andere Symbole, die zum Öffnen von Dateien oder Programmen mit der Maus erreichbar sein müssen, wieder frei. Das mittlere Symbol dient zum Wechsel zwischen Fensterdarstellung und Vollbild.

1 Öffne mithilfe der Doppelklickfunktion der Maus den Arbeitsplatz.

2 Teste die Wirkung der drei Symbole in der rechten oberen Ecke des Fensters und beschreibe das Ergebnis.

3 Ordne mehrere Fenster auf deinem Bildschirm gleichzeitig an. Ändere dazu nach dem Öffnen die Fenstergröße.

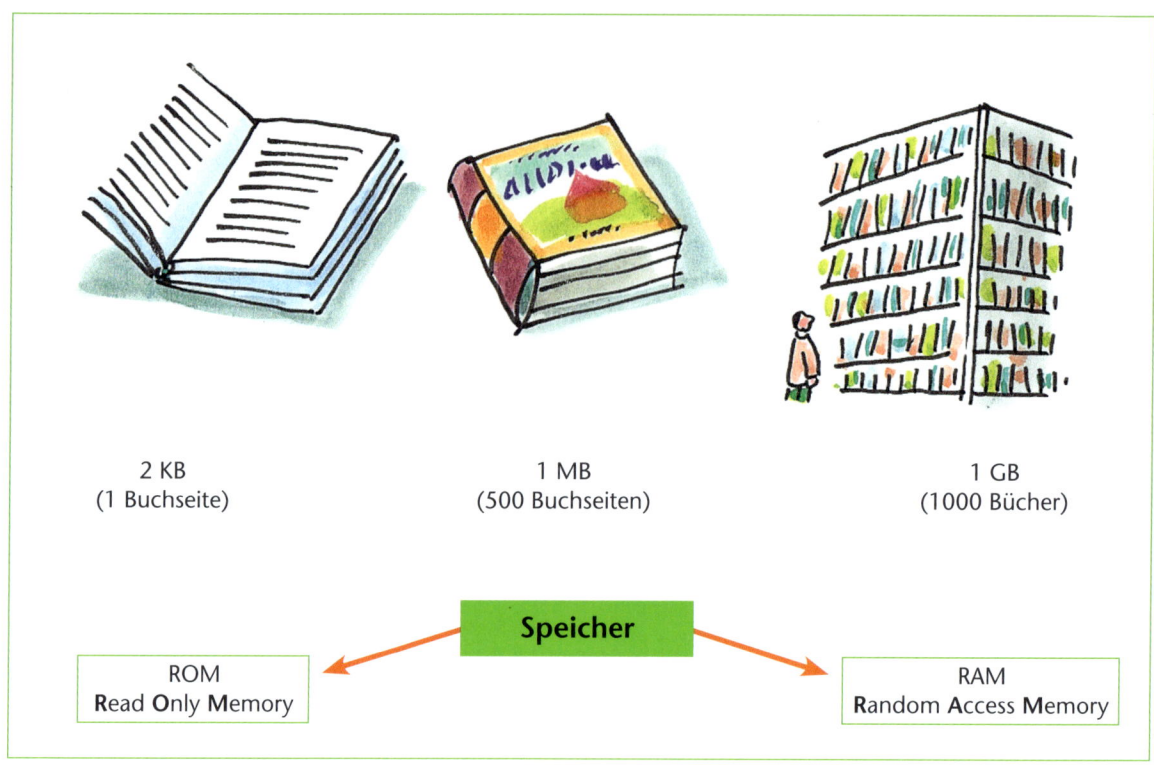

2 KB
(1 Buchseite)

1 MB
(500 Buchseiten)

1 GB
(1000 Bücher)

Speicher

ROM
Read **O**nly **M**emory

RAM
Random **A**ccess **M**emory

Speicher im Computer

Das im vorangegangenen Abschnitt beschriebene Rechentempo des Prozessors wird in der Zentraleinheit durch interne Speicher unterstützt. Der Begriff intern bedeutet dabei, dass es sich um Speicher innerhalb der Zentraleinheit handelt. Im Gegensatz dazu gibt es auch externe Speicher, die ebenfalls in diesem Buch beschrieben werden.

Speicher dienen zum Aufbewahren von Daten, die im Computer verarbeitet werden. Die Größe (Kapazität) wird in den Maßeinheiten Megabyte oder Gigabyte angegeben.

Man unterscheidet Speicher grundsätzlich nach zwei Arten. Hier müssen wir uns wieder der englischen Sprache bedienen, um die Bezeichnungen zu verstehen.

ROM ist die Abkürzung für die englische Bezeichnung „Read Only Memory" und heißt „Nur-Lese-Speicher". Er beinhaltet immer nur feststehende Daten, welche vom Hersteller vorgegeben und vom Anwender nur gelesen werden können. Diese Daten bleiben auch nach dem Ausschalten

des Computers vorhanden und stehen bei einem Neustart sofort zur Verfügung.

RAM ist die Abkürzung der englischen Bezeichnung „Random Access Memory" und bedeutet sinngemäß Schreib- und Lesespeicher. Dieser Speicher wird auch als Arbeitsspeicher bezeichnet. Im RAM befindliche Daten gehen aber bei Unterbrechung der Stromversorgung verloren!

Je nach Arbeitsweise werden die Speicher im Computer in ROM (Nur-Lese-Speicher) und RAM (Schreib- und Lesespeicher) unterschieden.

Die Größe eines Speichers wird in Byte gemessen. Handelt es sich um ca. 1000 Byte, spricht man von Kilobyte (kB), bei ca. einer Million von Megabyte (MB).

Moderne Rechner besitzen mindestens 256 MB. Da die Entwicklung der Speichertechnik schnell vorangeht, werden sicher in kurzer Zeit viel größerer Zahlen erreicht. Damit wird die Leistung des Computers immer weiter gesteigert.

MP3/4 Player

CD-ROM

Compact Flashkarte

Speicherstick

Vielfalt der Massenspeicher

Massenspeicher

Wenn so viel über Daten gesprochen und geschrieben wird, muss man sich die Frage stellen, wo diese aufbewahrt werden. Schließlich handelt es sich um riesengroße Mengen. Beim Aufbau des Computers wurden schon interne Speicher beschrieben. Die relativ geringe Speicherkapazität dieser Bauteile führt dazu, dass die Daten ständig „umgeladen" werden müssen. Ein weiterer Nachteil besteht darin, dass die Daten beim Ausschalten des Computers oder bei einem Stromausfall verloren gehen. Bleibt also die Frage: Wohin mit den vielen Daten und Programmen? Dafür gibt es Speicher, die auch ohne Stromzufuhr ihren Speicherinhalt nicht „vergessen" und unter dem Begriff Massenspeicher zusammengefasst werden. Dazu zählen

- Festplatte
- CD-R, CD-RW, DVD, Blue ray
- Speicherkarte (Digitalkamera)
- Wechseldatenträger (z. B. USB-Stick)

Hier wird wiederum die rasante Entwicklung der Technik und die große Leistung der Forscher deutlich. Massenspeicher werden in ihren Abmessungen immer kleiner, können aber dennoch immer größere Datenmengen speichern. Auf einem wenige Zentimeter großen USB-Stick können beispielsweise mehrere hundert Fotos oder tausende Textseiten gespeichert werden.

Massenspeicher sind Speicher, welche eine große Menge an Daten aufbewahren können. Der Speicherinhalt bleibt auch ohne Stromzufuhr erhalten.

Festplatte

Externe Festplatte

Die Festplatte

Es gibt heute nahezu für jeden Bereich des täglichen Lebens Anwendungsmöglichkeiten für Computer und selbstverständlich auch entsprechend leistungsfähige Software. Durch die immer größer werdende Menge von Daten, die mit modernen Computern verarbeitet werden, steigt der Bedarf an unterschiedlichster Software ständig an.

Mit einem normalen PC, wie er heute in vielen Haushalten steht, kann man zum Beispiel Texte schreiben und bearbeiten, Berechnungen durchführen, Fotos und Videos speichern und mit Bild- und Videobearbeitungssoftware bearbeiten und natürlich auch aufwändige Spiele spielen. Sogar Rundfunk- und Fernsehempfang sind möglich. Außerdem will heute kaum noch jemand auf Lexikon und Internet verzichten.

Aber mit Computersoftware ist es ähnlich wie mit den Spielsachen im Kinderzimmer. Je mehr man besitzt, umso mehr Platz benötigt man. Außerdem muss man den Überblick behalten.

Je mehr Software man also auf dem Computer hat und je komfortabler die Software ist, je mehr Funktionen sie bietet, umso mehr Speicherkapazität wird benötigt.

So ist es nur selbstverständlich, dass auch die Festplatte, der größte Massenspeicher im Computer, immer leistungsfähiger werden muss. Die Anforderungen lassen sich durch zwei Eigenschaften beschreiben:

- eine möglichst hohe Speicherkapazität der Festplatte,
- eine sehr kurze Zugriffszeit auf die darauf befindlichen Daten.

Zugriffszeit ist die Zeit, die vergeht, bis Daten, nachdem man sie aufgerufen hat, verfügbar sind. Öffnet man beispielsweise mit einem Doppelklick ein Textdokument oder eine Grafikdatei, wird sie in wenigen Augenblicken auf dem Bildschirm dargestellt.

> Festplatten dienen der Aufbewahrung großer Datenmengen im Computer. Ihre Größe wird in Mega- oder Gigabyte angegeben.

Festplatten und externe Festplatten unterliegen bei häufiger Benutzung Belastungen, die durch die Drehbewegung der Magnetscheibe entstehen. Dabei entwickelt sich Wärme, die über einen Lüfter, ähnlich einem Ventilator, abgeführt wird.

Achte also darauf, dass die Belüftungsöffnungen an deinem PC nicht verdeckt sind. Vermeide unnötiges Bewegen des PC, während er arbeitet. Fertige immer eine Sicherungskopie auf einem anderen Massenspeicher an. Besonders gut eignen sich dafür Speichersticks oder externe Festplatten.

1 Überlege, weshalb es sinnvoll ist, während der Arbeit mehrmals zu speichern.

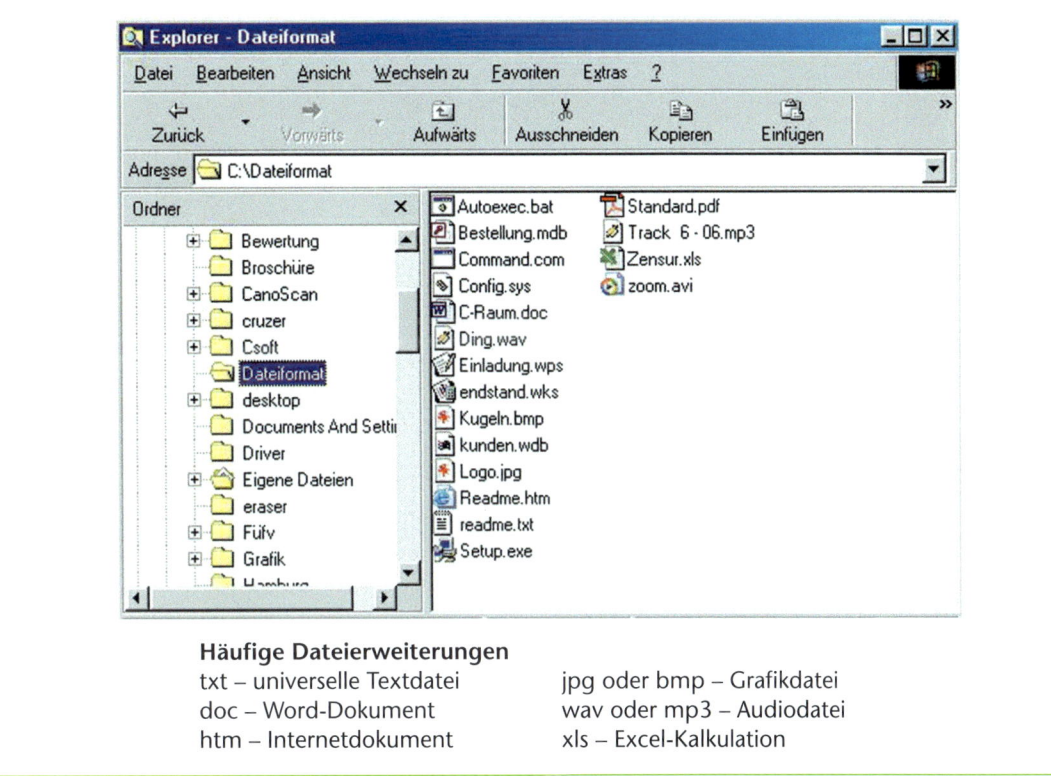

Häufige Dateierweiterungen

txt – universelle Textdatei	jpg oder bmp – Grafikdatei
doc – Word-Dokument	wav oder mp3 – Audiodatei
htm – Internetdokument	xls – Excel-Kalkulation

Dateiverwaltung

Alle Computerprogramme, sowohl System- als auch Anwendersoftware, bestehen aus Dateien. In diesen Dateien befinden sich Informationen in Form von Daten. Der Begriff Datei ist ein Kunstwort, das heißt, ein neu erschaffener Begriff. Es entstand aus den beiden Worten Daten und Kartei und bedeutet so viel wie eine geordnete Ansammlung zusammengehöriger Daten.

Immer dann, wenn Dateien bearbeitet werden, ohne dass ihr Inhalt verändert wird, nennt man dies Dateiverwaltung. Dazu muss jede Datei einen Namen besitzen. Der Dateiname ist der Name, unter dem eine Datei erstellt, gespeichert und wieder geöffnet werden kann.

Dateinamen sollten so gewählt werden, dass es einen Hinweis auf den Inhalt gibt, um später langes Suchen zu vermeiden. Systemdateien haben meist feste Dateinamen, die nicht ohne weiteres verändert werden können, weil dadurch die Funktionstüchtigkeit des Computers beeinflusst wird. Eigene Dateien kann man beliebig nennen, wobei jeder Dateiname nur einmal verwendet werden sollte.

Während früher Dateinamen nur bis maximal acht Zeichen haben durften, können sie bei modernen Computern bis zu 256 Zeichen lang sein. Derart lange Dateinamen sind aber nicht sinnvoll, da sie die Verwaltung erschweren.

Außer dem Namen hat jede Datei eine Dateierweiterung, die aus maximal drei Zeichen besteht. An der Erweiterung erkennt man das Dateiformat. Soll eine Datei gespeichert werden, ist dabei stets auf das Dateiformat zu achten. Da bestimmte Dateiformate spezielle Programme voraussetzen, können nicht alle Dateien auf jedem Computer verarbeitet werden.

1 Öffne auf dem Computer den Windows-Explorer. Sieh dir die Dateinamen der Dateien an, die du bereits gespeichert hast!

2 Welche Dateierweiterungen erkennst du? Ordne sie zu!

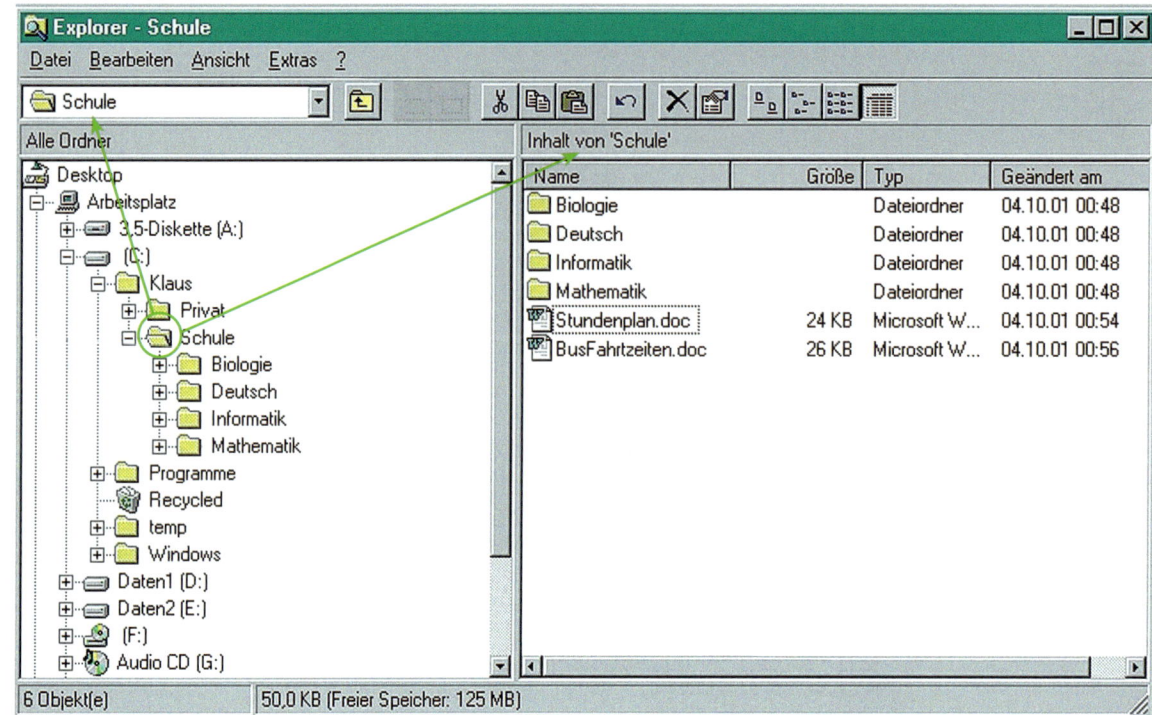

Oberfläche eines Dateiverwaltungsprogrammes

Aufbau der Oberfläche eines Dateiverwaltungsprogramms

Dateiverwaltungsprogramme haben die Aufgabe, dem Computerbenutzer möglichst schnell und leicht den Zugriff auf Dateien zu ermöglichen. Die Kenntnis geeigneter Ordnerbezeichnungen und Dateinamen hilft natürlich dabei, eine sinnvolle Dateiverwaltung auf dem PC einzurichten und zu nutzen.

Wenn du ein Dateiverwaltungsprogramm unter dem Betriebssystem Windows öffnest, erhältst du wie bei den anderen Programmen eine Oberfläche mit Menüleiste, Symbolleisten, Statusleiste und den zweigeteilten Arbeitsbereich.

Im linken Teil des Arbeitsbereiches ist die Struktur der Daten deines Rechners (Arbeitsplatz) zu sehen. Der Arbeitsplatz ist zunächst unterteilt in verschiedene **Laufwerke**. Jedes Laufwerk hat einen Buchstaben als Namen und oft ein graues Symbol (Abbildung rechts). Die Festplattenlaufwerke in diesem Bild tragen Namen wie C, D, E und die CD-Laufwerke die Laufwerksbuchstaben F und G (im Laufwerk G befindet sich gerade eine Audio-CD).

Du kannst dir jedes Laufwerk wie einen Schrank in einem Büro vorstellen, in dem sich viele Ordner befinden.

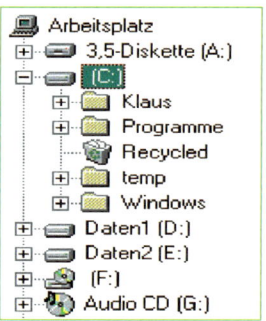

Laufwerke und Ordner

Da man bei sehr vielen Ordnern leicht den Überblick verliert, kann man sie in der Ansicht verbergen. Das Symbol „+" zeigt dann an, dass es weitere Unterordner gibt. Vergleiche die obigen Abbildungen: Durch einen Klick auf das „+" vor Klaus in der zweiten Abbildung kannst du die untergeordneten Ordner „Privat" und „Schule" sichtbar machen. Auch vom Ordner Schule in der oberen Abbildung sind durch das gleiche Verfahren die Unterordner sichtbar gemacht worden. Das Symbol „+" wechselt zu „–"

	Wechsel in den übergeordneten Ordner (im zugehörigen Baumdiagramm gelangst du zum nächst höher gelegenen Knoten)
	Ansicht der Ordner und Dateien mit großen Symbolen
	Ansicht der Ordner und Dateien mit kleinen Symbolen
	Ansicht der Ordner und Dateien als Liste
	Ansicht der Ordner und Dateien mit Details, d. h., auch die Attributwerte der Attribute wie Größe oder Änderungsdatum werden angezeigt.
	Anzeige aller Attributwerte der aktuell markierten Datei bzw. des aktuell markierten Ordners

Schaltflächen

Möchtest du nicht nur die untergeordneten Ordner, sondern auch im Ordner enthaltene Dateien sehen, musst du den **Ordner öffnen**. Dies ist möglich durch einen Einfachklick im linken Teil des Arbeitsbereiches oder durch einen Doppelklick im rechten Teil des Arbeitsbereichs. Das Ordnersymbol wechselt dann im linken Teil des Arbeitsbereiches von zu und im rechten Teil ist der gesamte Inhalt des offenen Ordners zu sehen (Abbildung Seite 80 oben).

In der Symbolleiste eines Dateiverwaltungsprogramms gibt es die oben dargestellten neuen Symbole.

Hinweise:
• Durch einen Klick auf das Symbol kannst du in den zuvor angezeigten Ordner wechseln. Bei dieser Art von Ordnerwechsel verliert man jedoch sehr schnell den Überblick über die hierarchische Struktur!
• Die Größen der markierten Dateien oder Ordner sind auch in der Statusleiste zu sehen.

Alle wichtigen Anweisungen kannst du auch über die Menüleiste geben.

1 Die angegebene Ordnerstruktur ist fehlerhaft (EVA-Prinzip).

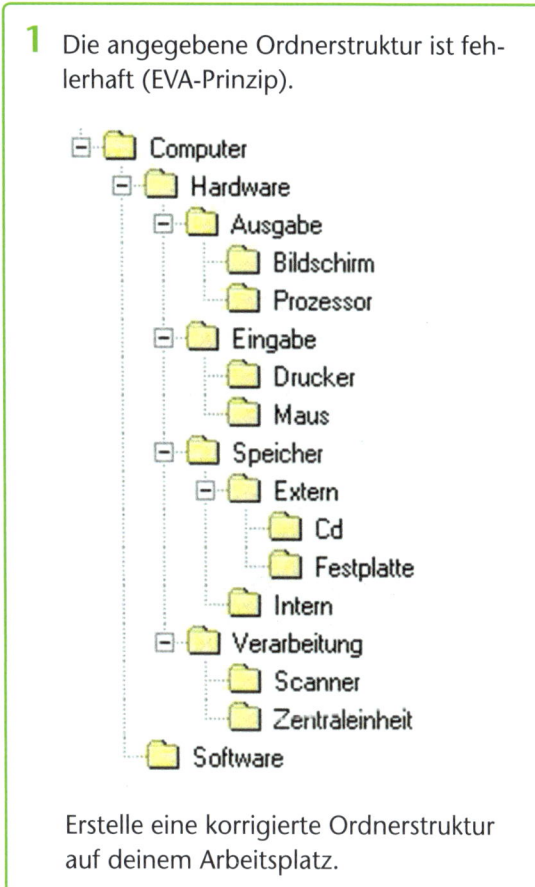

Erstelle eine korrigierte Ordnerstruktur auf deinem Arbeitsplatz.

Umgang mit Textverarbeitungs-programmen

Will man heute einen Text schreiben, der gut lesbar, immer wieder verwendbar und vielfältig zu verändern ist, benötigt man ein Textverarbeitungsprogramm. Dies ist eine Software, die für die oben genannten Aufgaben sehr hilfreich ist. Ob zu Hause, im Büro oder in der Schule, überall haben sich die verschiedensten Programme durchgesetzt. So haben sie schon lange die herkömmliche Schreibmaschine abgelöst. Die Benutzung der unterschiedlichsten Textverarbeitungsprogramme ist schnell erlernbar, da sie viele gemeinsame oder ähnliche Funktionen besitzen.

Textverarbeitungsprogramme ermöglichen eine sorgfältige Eingabe und Korrektur von Texten.

Die wesentlichsten Bestandteile sind:
1. die **Menüleiste**, über die man alle Funktionen zur Bearbeitung des Textes auswählen kann,
2. die **Symbolleiste**, in der häufig benötigte Funktionen durch kleine Bilder dargestellt sind,
3. der **Arbeitsbereich**, in den der Text eingegeben wird.

Die Menüleiste

Um einen Text zu bearbeiten, stellt ein Textverarbeitungsprogramm vielfältige Funktionen zur Verfügung. Man kann nicht nur Schriftart und -grad verändern, man kann auch Absätze vertauschen, Grafiken einfügen und vieles mehr. Diese Funktionen kann man in der Menüleiste auswählen. Durch Anklicken mit dem Mauszeiger klappt das Menü nach unten, welches deshalb auch als Pull-down-Menü bezeichnet wird (to pull down [engl.] = herunterziehen). Jetzt kann man sich die gewünschte Funktion aussuchen. Diese sind thematisch den entsprechenden Menüs zugeordnet.

Titelleiste — Menüleiste — Symbolleiste — Arbeitsbereich

Oberfläche eines Textverarbeitungsprogramms

Zeichen	Bedeutung
F *K* U	Mit diesen Knöpfen kannst du den Schriftstil deiner Zeichen auf „fett", „kursiv" bzw. „unterstrichen" festlegen.
A A	Hier kannst du die Schriftfarbe und die Hintergrundfarbe deiner Zeichen verändern.
≣ ≣ ≣ ≣	Hier lässt sich die Ausrichtung des Absatzes auswählen. Momentan ist „linksbündig" eingestellt.
⧩ ⧨	Hier kannst du den linken Einzug deines Absatzes vergrößern bzw. wieder verkleinern.

Schaltflächen aus der Symbolleiste

Die Oberfläche eines Textverarbeitungsprogramms

Wenn du ein Textverarbeitungsprogramm öffnest, erhältst du eine Oberfläche, die in vielen Programmen ähnlich ist:

Die Oberfläche lässt sich aufteilen in Menüleiste, Symbolleisten, Arbeitsbereich und Statusleiste. Zwischen Symbolleisten und Arbeitsbereich findest du außerdem ein Lineal.

Die **Menüleiste** verfügt wieder über alle wichtigen Anweisungen zur Arbeit mit dem Dokument, das im Arbeitsbereich angezeigt wird.

Unter der Menüleiste findest du die Standardleiste sowie die Formatleiste.

- Als neue Symbole treten in der Standardleiste die Knöpfe ⇐ und ⇒ auf. Mit dem ersten kannst du deine letzten Änderungen im Dokument, z. B. das Einfügen eines Zeichens oder die Änderung der Schriftart, schrittweise rückgängig machen. Mit dem zweiten Knopf kannst du das wieder zurücknehmen.

- In der Formatleiste findest du zunächst drei Aufklappmenüs. Mit dem ersten kannst du dem aktuellen Absatz und den darin enthaltenen Bestandteilen vordefinierte Eigenschaften zuweisen. Dies erspart dir Arbeit, weil du nicht bei jeder Überschrift neu festlegen musst, dass

der Absatz zentriert und die Zeichen fett und größer sind.

Die beiden anderen Menüs erlauben die Festlegung von Schriftart und Schriftgröße.

Daneben findest du Symbole zur Formatierung von Zeichen und Absätzen:

In der **Statuszeile** findest du Informationen über das Dokument, wie etwa die Position, an der du dich befindest (im Beispiel: Seite 1 von 1), die Art des Absatzes, in dem du dich befindest (Standard), den Maßstab der Darstellung im Vergleich zum ausgedruckten Text (100 %) sowie den **Schreibmodus**. Bei „Einfg" kannst du Zeichen an der momentanen Position des Cursors einfügen. Steht stattdessen „Üb", so werden die nachfolgenden Zeichen überschrieben. Normalerweise wird der Einfüge-Modus verwendet. Verändern kannst du diesen Modus durch Drücken der Taste „Einfg".

---

1 Schreibe eine Zeile mit dem Textverarbeitungsprogramm.
Nutze die Groß- und Kleinschreibung der Tastatur.

2 Versuche, eventuelle Fehler selbstständig zu beheben.

Wichtige Tasten		
⬆	**Umschalt-Taste (Shift)**	aktiviert die Zweitbelegung der Tastatur; wird zum Schreiben von Großbuchstaben benötigt
⬇	**Feststell-Taste (CapsLock)**	aktiviert die Zweitbelegung der Tastatur dauerhaft
←	**Rücktaste (Backspace)**	löscht die Zeichen links vom Cursor
Entf	**Entfernen-Taste**	löscht die Zeichen rechts vom Cursor
Pos 1	**Position-1-Taste**	setzt den Cursor an den Anfang einer Zeile
Ende	**Ende-Taste**	setzt den Cursor an das Ende einer Zeile

Eingabe: Texte schreiben und korrigieren

Text gibt man meist mithilfe der Tastatur ein. Wörter werden durch Leerzeichen voneinander getrennt, neue Absätze fügt man durch die En-tertaste ein. Von Vorteil ist es, dass man sich nicht darum kümmern muss, wann eine Zeile zu Ende ist. Passt ein Wort nicht mehr auf die Zeile, wird es automatisch an den Anfang der folgenden Zei-le gesetzt. Man bezeichnet das als **automatischen Zeilenumbruch**.

Für die Korrektur des Textes stehen mehrere Mög-lichkeiten zur Verfügung. Mit der Rücktaste *(Back-space)* oder der Entf-Taste kann man je nach Stel-lung des Cursors schnell einzelne Zeichen löschen.

Beispiel:

Korrigieren von *Telst*
Entf-Taste verwenden, da das falsche Zeichen rechts vom Cursor steht.

Korrigieren von *Teslt*
Rücktaste verwenden, da das falsche Zeichen links vom Cursor steht.

Verfügt das Textverarbeitungsprogramm über eine Rechtschreibprüfung, können viele Fehler fast automatisch korrigiert werden. Aber Vor-sicht, auch eine Rechtschreibprüfung kann nicht jeden Fehler finden!

Text kann aber nicht nur mithilfe der Tastatur eingegeben werden. Man kann ihn auch ein-scannen oder von einer CD oder einem anderem Massenspeicher laden.

1 Teste die Wirkung der Entf- und der Rücktaste. Was stellst du fest? Begründe!

Laden von Dateien

Oft ist es notwendig, eine bereits vorhandene Datei von CD oder Festplatte zu laden, um sie weiter zu bearbeiten.

Um eine Datei zu laden, geht man wie folgt vor:

Im Menü **Datei** wählt man den Befehl *Öffnen.*

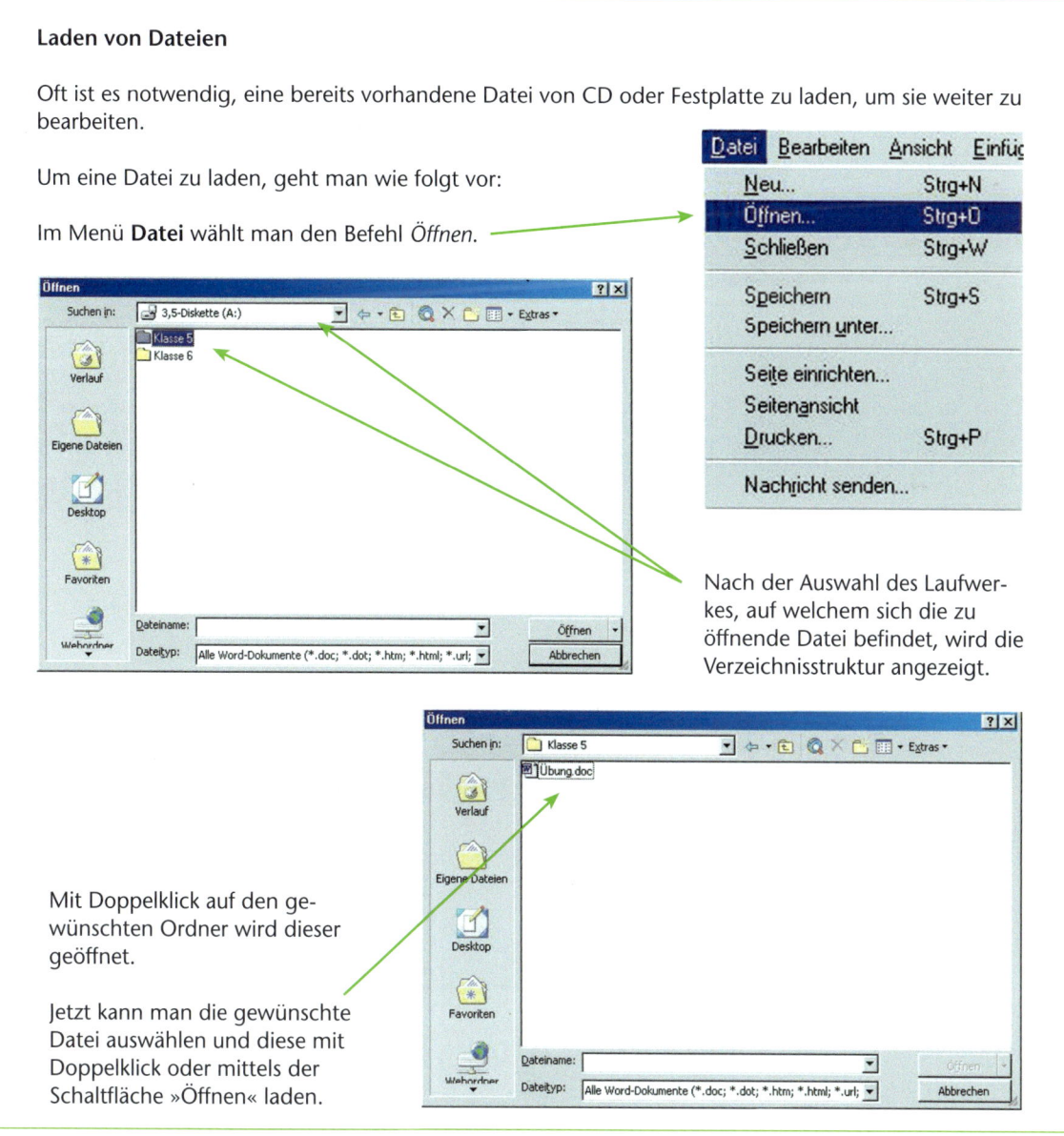

Nach der Auswahl des Laufwerkes, auf welchem sich die zu öffnende Datei befindet, wird die Verzeichnisstruktur angezeigt.

Mit Doppelklick auf den gewünschten Ordner wird dieser geöffnet.

Jetzt kann man die gewünschte Datei auswählen und diese mit Doppelklick oder mittels der Schaltfläche »Öffnen« laden.

Speichern von Dateien und Texten

Arbeitest du mit einer Datei, solltest du nicht vergessen, diese in regelmäßigen Abständen zu sichern.
Um Dateien zu speichern, gibt es im Menü **Datei** die Befehle *Speichern* und *Speichern unter.* Will man nur Veränderungen abspeichern, die man im Text vorgenommen hat, dann verwendet man den Befehl *Speichern.*
Den Befehl *Speichern unter* benötigt man, um den Dateinamen oder das Laufwerk oder den

Ordner zu ändern. Die Schrittfolge ist ähnlich dem Öffnen einer Datei:

1. Menü Datei – Befehl *Speichern unter …,*
2. Neues Laufwerk wählen oder den neuen Ordner öffnen,
3. Dateinamen eingeben,
4. Schaltfläche *Speichern* anklicken.

Ist ein Text gespeichert, kann man ihn jederzeit wieder laden, indem man die Datei öffnet. Der Text kann dann ergänzt oder verändert werden.

Will man nur Teile des Dokumentes ausdrucken, werden die Seitennummern eingetragen.

Hier wird der Drucker ausgewählt.

Hier trägt man die Anzahl der Exemplare ein, die man ausdrucken möchte.

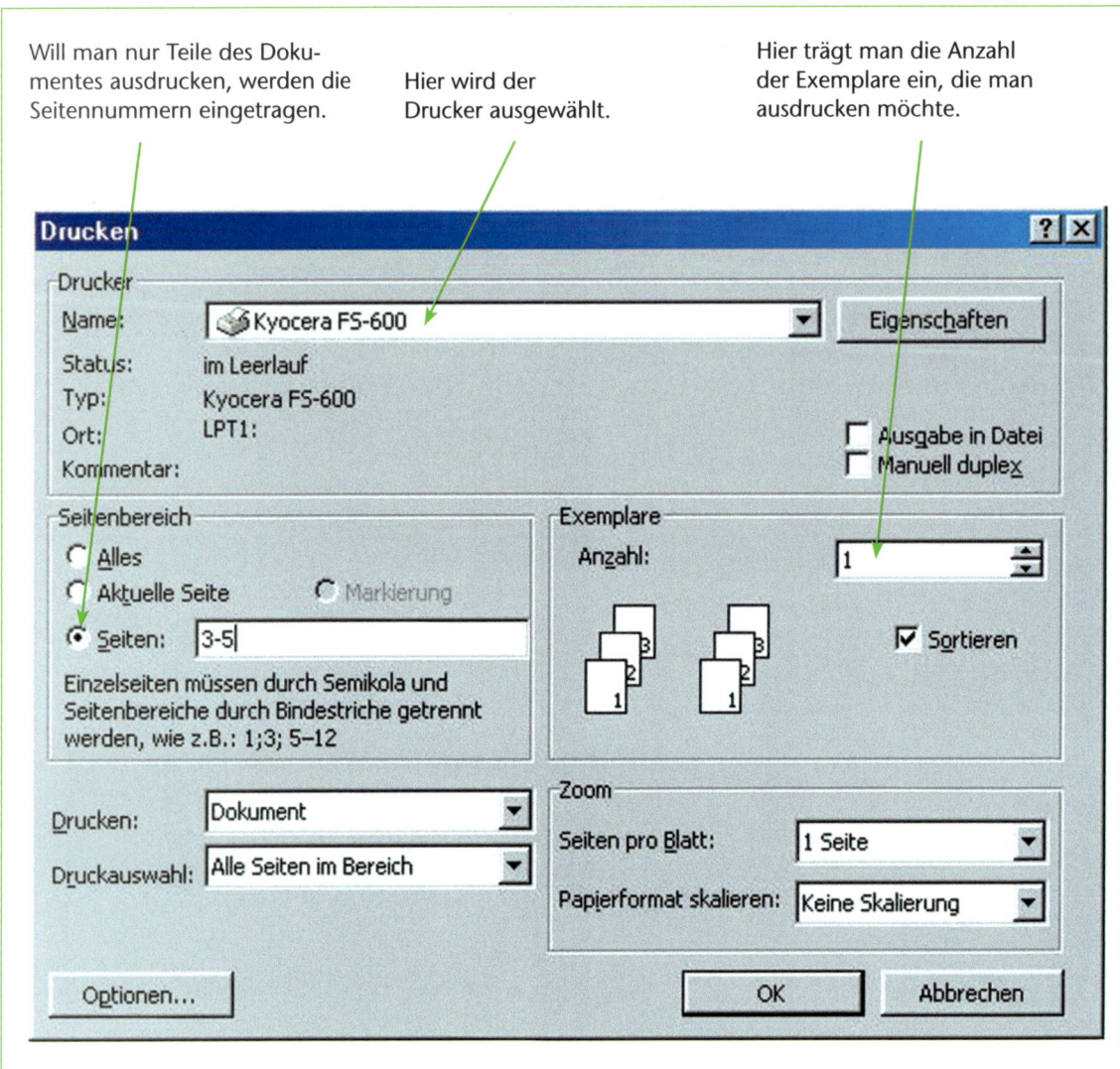

Drucken von Dokumenten

Um vor dem Drucken des Dokumentes die gesamte Blattaufteilung zu überprüfen, wählt man in der Menüleiste das Menü **Datei** und dort den Befehl *Seitenansicht* oder in der Symbolzeile das entsprechende Symbol. So kannst du dir manche Enttäuschung über einen misslungenen Ausdruck und außerdem viel Zeit und Geld ersparen. Eine weitere Bearbeitung des Dokumentes ist in dieser Ansicht aber nicht möglich. Zum Weiterarbeiten muss die Seitenansicht geschlossen werden.

Bevor man ein Dokument ausdruckt, muss man sich einige Dinge überlegen.

Dazu gehören zum Beispiel: Wie viele Kopien werden benötigt? Sollen alle Seiten des Dokumentes gedruckt werden? Welche Qualität soll der Ausdruck haben? Alle Einstellungen werden im Menü Datei unter dem Befehl Drucken vorgenommen.

Sind in einem Netzwerk mehrere Drucker vorhanden, musst du zuerst den richtigen Drucker auswählen.

> Bevor ein Dokument gedruckt wird, sollte das Ergebnis der Arbeit in der Seitenansicht des Textverarbeitungsprogramms begutachtet werden.

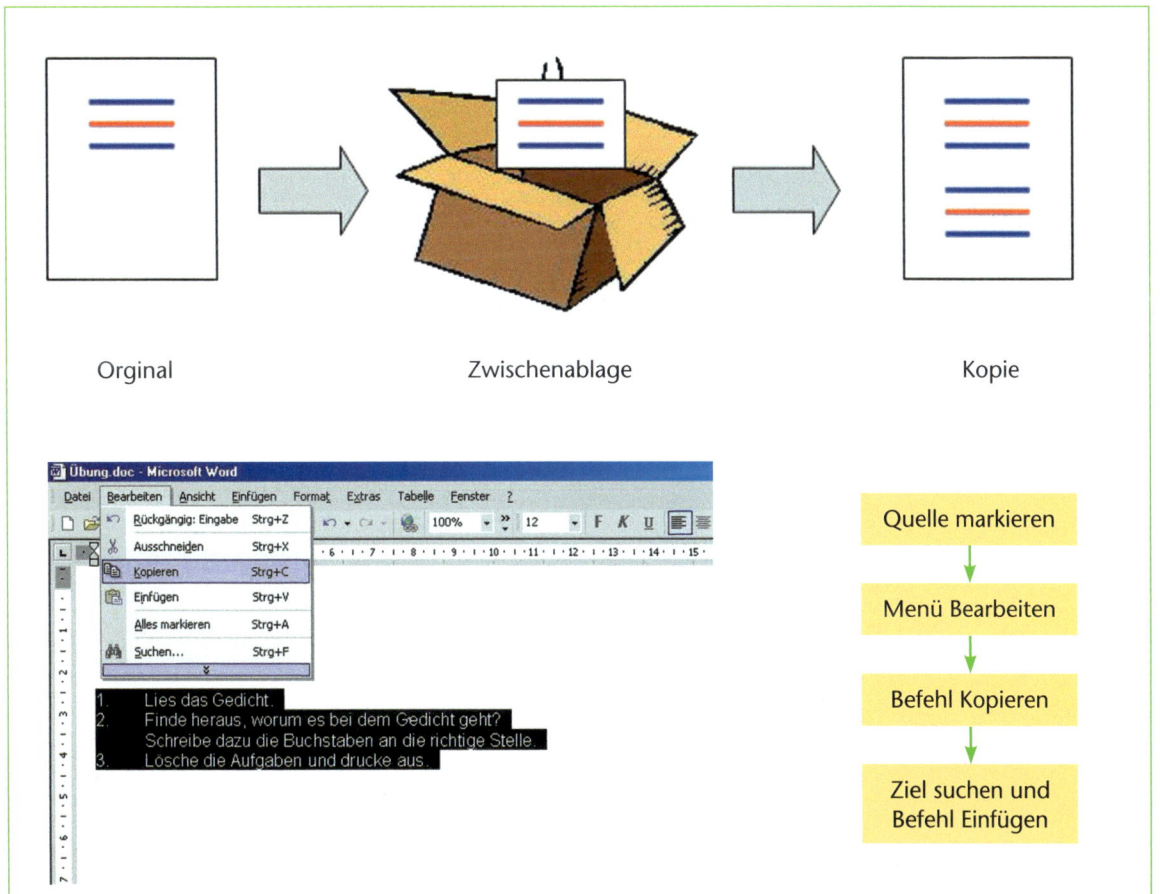

Orginal   Zwischenablage   Kopie

Quelle markieren

Menü Bearbeiten

Befehl Kopieren

Ziel suchen und
Befehl Einfügen

Kopieren

Sicher kennt jeder die Situation, dass man einen Text mehrmals benötigt. Das kann eine Einladung sein, die an alle Freunde verschickt werden soll, ein Aufruf, der in allen Etagen im Schulhaus ausgehängt werden soll, oder ein Arbeitsblatt, das jeder Mitschüler bekommen soll. Aber für die Lösung solcher Probleme gibt es ja Kopierer. Doch auch die Textverarbeitung kann dir beim **Kopieren** von Texten und Bildern helfen. Wie? Das ist ganz schnell erklärt!

Du markierst mit der Maus, was vervielfältigt werden soll.

Im Menü **Bearbeiten** wählst du den Befehl *Kopieren*.

Anschließend muss der Cursor an die Stelle gesetzt werden, an der wieder eingefügt werden soll.

Im Menü Bearbeiten wählst du den Befehl *Einfügen* und schon hast du kopiert.

Die Vervielfältigung von Elementen, aus denen Anwendungen bestehen, nennt man Kopieren.

Was passiert eigentlich beim Kopieren?

Klickt man auf den Befehl *Kopieren*, wird eine Kopie des markierten Textes in die so genannte **Zwischenablage** gelegt. Die Zwischenablage ist ein Zwischenspeicher. Durch den Befehl *Einfügen* wird eine weitere Kopie des Textes aus der Zwischenablage an der neuen Stelle eingefügt. Da der Text immer noch in der Zwischenablage gespeichert wird, kann man ihn auch mehrmals einfügen.

1 Vergleiche die Arbeitsweise eines Computers beim Kopieren mit einem Kopierer! Welche Unterschiede gibt es?

7 Ein Puzzle für den Unterricht entwickeln

1. Öffne das Grafikprogramm (z. B. MS-Paint) an deinem Computerarbeitsplatz.

2. Füge in das Grafikprogramm ein Bild (z. B. aus Clip Arts) ein.

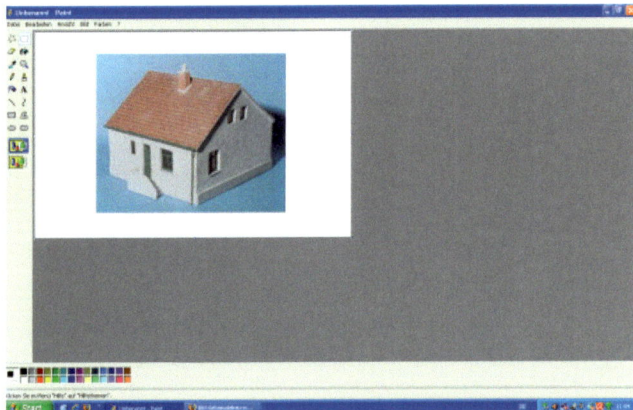

3. Zerlege das Bild in einzelne Teilbilder. Speichere diese unter einem Namen mit einer Nummer ab.

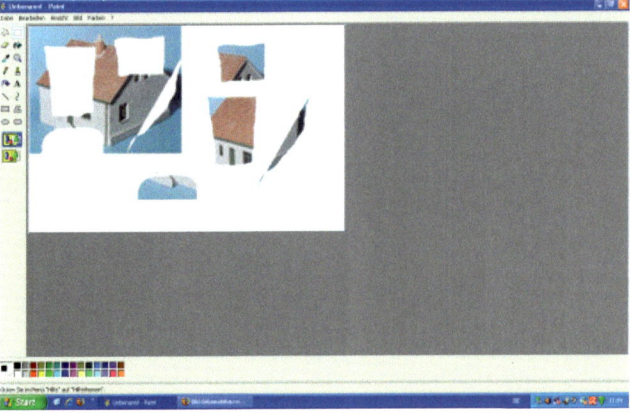

4. Stelle über das interne Netz (LAN) die einzelnen Bilddateien deinen Mitschülern zur Verfügung.
5. Die Aufgabe lautet: Baue das Bild wieder zusammen. Viel Erfolg!

Wichtige Begriffe

Akkumulator (S. 83, 94)
Der Akkumulator, abgekürzt Akku, speichert elektrische Energie in Form von chemischer Energie und kann im Gegensatz zur Batterie mehrfach aufgeladen werden.

Akkuschrauber (S. 84)
Akkuschrauber erhalten die benötigte elektrische Energie von einem Akku und sind unabhängig von Steckdosen. Sie sind wie eine Bohrmaschine aufgebaut. Eingesetzt werden sie vorwiegend zum Eindrehen von Schrauben.

Antriebselement (S. 81)
Antriebselemente stellen die Antriebsenergie zur Ausführung eines Arbeitsvorganges bereit. Zu den gebräuchlichen Antriebselementen gehören Muskelkraft von Mensch und Tier, Wind- und Wasserräder, Elektro-/Verbrennungsmotoren.

Antriebskraft (S. 86)
Mit der Antriebskraft ist die Kraft gemeint, die zum Antreiben eines Gerätes oder einer Maschine benötigt wird. Die Kraft kann mithilfe elektrischer Energie, mechanischer Energie oder Muskelkraft zur Verfügung gestellt werden.

Arbeitselement (S. 81)
Die Arbeitselemente bewirken die Veränderung am Arbeitsgegenstand. Zu ihnen gehören Werkzeuge, wie Bohrer und Sägeblatt, sowie die Vorrichtungen zum Festhalten der Werkzeuge, etwa Bohrfutter und Spannbacken. Bei Arbeitsmaschinen verändern Arbeitselemente das Werkstück. Bei Transportmaschinen dienen oft Räder als Arbeitselement.

Arbeitsmittel (S. 6, 7, 50)
Arbeitsmittel sind alle Werkzeuge oder Hilfsmittel, die zur Verrichtung einer Arbeit nötig sind. Dazu gehören Maschinen, Fahrzeuge, Geräte, Möbel, Einrichtungen, Hard- und Software.

Arbeitsplatz (S. 6)
Der Arbeitsplatz ist der Ort in einem Betrieb oder einer Verwaltung, an dem ein Beschäftigter seine Tätigkeit verrichtet. Auch der Technikraum deiner Schule ist ein Arbeitsplatz.

Ätzwirkung (S. 60)
Durch starke chemische Reaktionen können Materialteilchen vom Werkstoff abgetragen werden.

Beschichten (S. 14, 28, 30, 51, 72–73, 75–76)
Beschichten ist das Aufbringen einer fest haftenden Schicht auf ein Werkstück z.B. durch Streichen oder Spritzen. Es kann dem Schutz gegen Umwelteinflüsse oder dem besseren Aussehen dienen.

Beton (S. 60)
Beton ist ein Baustoff aus einem Gemisch von Zement, Kies und Wasser. Nach dem Verdunsten des Wassers erhärtet das Gemisch.

Bewegungsform (S. 84, 87, 88)
Die Bewegungsform gibt die Art der Bewegung von Maschinenbauteilen an. Sie kann kreisförmig oder geradlinig sein.

Bezugskante (S. 48)
Die Bezugskante ist eine gerade Kante, von der aus die notwendigen Maße auf das Werkstück übertragen werden.

Biegevorrichtung (S. 20, 21, 62, 76)
Eine Biegevorrichtung ist ein technisches Hilfsmittel, mit dem das Biegen von verschiedenen Materialien erleichtert wird.

Bockwindmühle (S. 79)
Sie ist die älteste Bauart von Windmühlen in Europa. Die Mühle steht auf einem Pfahl und kann dadurch in die Himmelsrichtung gedreht werden, aus der der Wind kommt.

Bodenhalter (S. 39)
Bodenhalter werden bei Möbeln an der Innenseite der Außenwände befestigt. Auf sie können die Einlegeböden z. B. eines Schrankes gelegt werden.

Bruchlinie (S. 62)
Die Bruchlinie entsteht durch Anreißen auf dem Werkstück. Entlang dieser Linie wird ein Teil abgebrochen.

Computer (S. 106, 120)

Computer (engl. compute = rechnen) sind elektronische Rechenmaschinen, die mithilfe von Programmen gesteuert werden. Er kann zum Schreiben, Rechnen, Zeichnen usw. verwendet werden.

Daten (S. 111)

Daten sind in der elektronischen Datenverarbeitung Zeichen, die Informationen beinhalten.

Dekodieren (S. 102)

Das Dekodieren ist das Entschlüsseln von kodierten Nachrichten. Kodieren

Deponie (S. 55, 65)

Eine Deponie dient zur langfristigen Lagerung von Abfällen. Sie ist so beschaffen, dass die Abfälle die Umwelt so wenig wie möglich schädigen.

Drehsinn (S. 84, 87)

Der Drehsinn bezeichnet die Drehrichtung eines sich um einen Punkt drehenden Körpers. Rechtsdrehend wird auch mit „im Uhrzeigersinn" und linksdrehend mit „entgegen dem Uhrzeigersinn" beschrieben.

Drehzahl (S. 81, 86, 87)

Die Drehzahl ist eine physikalische Größe. Sie sagt uns, wie oft sich ein Bauteil in einer bestimmten Zeit (Minute oder Sekunde) dreht.

Elektromotor (S. 81–83, 89, 97)

Der Elektromotor ist eine elektrische Maschine, die elektrische Energie in mechanische Energie umwandelt. Es ensteht eine Drehbewegung.

Empfänger (S. 100)

Ein Empfänger ist jeder, der eine Nachricht erhält. Empfänger kann eine Person oder eine technische Anlage sein.

Energie (S. 92–97)

Energie ist die Fähigkeit, Arbeit zu verrichten. Es werden verschiedene Energieformen unterschieden: mechanische Energie, elektrische Energie, chemische Energie usw. Die verschiedenen Energieformen können miteinander umgewandelt werden, ohne dass Energie verloren geht.

Fertigungsverfahren (S. 14)

In der Technik werden alle Vorgänge, die zur Herstellung eines Produktes notwendig sind, als Fertigungsverfahren bezeichnet.

Festigkeit (S. 37, 56, 57, 58, 75)

Die Festigkeit ist eine Werkstoffeigenschaft. Sie beschreibt den mechanischen Widerstand, den ein Werkstoff einer plastischen Verformung oder Trennung entgegensetzt.

Fügeverfahren (S. 25, 50)

Mithilfe von Fügeverfahren werden zwei oder mehrere Teile miteinander verbunden. Fügeverfahren sind z. B. Nähen, Nageln, Schrauben, Schweißen, Nieten, Leimen.

Gerät (S. 54, 59, 74, 78, 80, 81, 92, 93, 95–97)

Ein Gerät ist eine technische Einrichtung, die einem besonderen Zweck dient. Mit einem Gerät kann etwas bearbeitet, hergestellt, meistens eine Arbeit verrichtet werden.

Getriebe (S. 81, 84, 86–91)

Getriebe sind Baugruppen zur Übertragung und Umwandlung von Bewegungen.

Gips (S. 60)

Gips kommt in der Natur als Gipsgestein vor und wird meistens als Baustoff verwendet. Gips kann Wasser aufnehmen. Bei Abgabe von Wasser erhärtet er.

Hilfsstoffe (S. 40, 47)

Hilfsstoffe werden in geringen Mengen zur Herstellung eines Produktes benötigt. Bei der Gondel beispielsweise bezeichnen wir den Leim, die Schrauben und das Wachs zum Beschichten als Hilfsstoffe.

Holzarten (S. 34, 35, 36)

Holz ist ein nachwachsender Rohstoff. Holz wird hauptsächlich unterschieden in Laubholz (z. B. Buche, Eiche) und Nadelholz (z. B. Fichte, Kiefer). Laubholz bezeichnet alle Bäume, die Blätter haben. Nadelholzbäume haben keine Blätter, sondern Nadeln. Holz wird auch in Hartholz (z. B. Eiche) und Weichholz (z. B. Fichte) unterschieden.

Holzwerkstoffe (S. 25, 36, 37)
Als Holzwerkstoffe bezeichnet man aus Holzlagen, Holzspänen oder Holzfasern mit Bindemitteln verleimte und gepresste Platten und Formteile. Die Holzwerkstoffe werden industriell gefertigt.

Information (S. 98, 99)
Informationen sind Mitteilungen, die von einem Sender zu einem Empfänger übertragen werden. Zur Übertragung einer Information ist immer ein Überträger notwendig. Sender und Empfänger müssen über den gleichen Zeichensatz verfügen, um die Information verstehen zu können.

Karosserieteile (S. 61)
Karosserieteile bilden die äußere Haut von Kraftfahrzeugen. Ein Fahrzeug besteht aus mehreren einzelnen Karosserieteilen, wie z. B. Motorhaube oder Kotflügel.

Keilriemen (S. 84, 85)
Der Keilriemen ist ein Riemen ohne Ende aus Gummi mit Gewebeeinlagen. Sein Querschnitt ist keilförmig. Er wird vorwiegend im Maschinenbau eingesetzt.

Kettenräder (S. 86)
Das Kettenrad ist beim Kettengetriebe am Fahrrad das große, fest mit der Kurbel verbundene Rad. Da es sehr flach ist, wird es auch Kettenblatt genannt.

Kodieren (S. 102)
Kodieren ist das Verschlüsseln von Nachrichten für die Übertragung. Nur wer den Kode kennt, kann die Nachricht verstehen. Ein bekanntes Kodierungssystem ist das Morsealphabet.

Komposterde (S. 65)
Komposterde entsteht durch die natürliche Verrottung von Pflanzenresten vorwiegend durch Kleinlebewesen auf dem Komposthaufen, in Kompostbehältern oder in großen Kompostieranlagen.

Korrosion (S. 75, 59)
Korrosion ist die chemische Zersetzung von Metallen. Sie tritt auf, wenn Metalle mit Luft oder Wasser in Berührung kommen. Die bekannteste Art der Korrosion ist das Rosten.

Kunststoff (S. 16, 56–57)
Kunststoffe sind Werkstoffe, deren Hauptbestandteile durch chemische Prozesse hergestellt oder aus Naturstoffen umgewandelt werden.

Kurbelwelle (S. 89)
Die Kurbelwelle wandelt gemeinsam mit dem Kolben und dem Pleuel eine geradlinige Bewegung in eine Drehbewegung um.

Maschine (S. 29, 92, 93, 96, 97)
Eine Maschine ist eine Vorrichtung zur Erzeugung oder Übertragung von Kräften, die Arbeit leistet oder eine Form der Energie in eine andere umwandelt.

Maschinenschraube (S. 50, 72, 89)
Eine Maschinenschraube ist ein Verbindungselement. Sie wird vorwiegend im Maschinenbau eingesetzt. Zu einer Verbindung mit einer Maschinenschraube gehören immer ein Innen- und ein Außengewinde (z. B. Mutter und Schraube).

Menü (S. 114, 115, 117)
In der elektronischen Datenverarbeitung ist ein Menü eine Liste, die anzeigt, welche Funktionen und Befehle für die nächsten Arbeitsschritte zur Verfügung stehen.

Messen (S. 21, 46, 51, 70)
Beim Messen wird der genaue Wert einer physikalischen Größe ermittelt. Es werden Messgeräte eingesetzt (Uhr, Gliedermaßstab). Das Ergebnis wird als Messgröße bezeichnet und wird als Produkt aus Zahlenwert und Einheit angegeben, z. B. 23,00 mm.

Metalle (S. 67–76)
Die Metalle sind in der Lage, elektrische Energie und Wärme zu leiten. Sie sind verformbar und haben einen typischen Glanz (Spiegelglanz).

Montagezeichnung (S. 39)
Eine Montagezeichnung ist eine räumliche Darstellung, die durch Anordnung und Nummerierung der Bauteile den folgerichtigen Aufbau eines Geräts oder Modells erleichtert. Die Montagezeichnung ist meist Bestandteil von Modellbaukästen. Sie wird durch eine Stückliste

ergänzt, die die genaue Bezeichnung, das Material und die Abmessungen des Bauteils enthält.

Müllverbrennungsanlage (S. 55, 65)
ist eine Anlage zum Verbrennen von unsortiertem Hausmüll, Sperrmüll und hausmüllähnlichem Gewerbeabfall.

Nachricht (S. 100–102)
In der Technik ist eine Nachricht eine Information, die sich als Signal, Zeichen oder Zeichenfolge beschreiben und darstellen lässt. Nachrichten sind das Grundelement der Kommunikation.

Naturkreislauf (S. 55)
Die aus der Natur entnommenen Stoffe, wie Pflanzen, werden verarbeitet, genutzt und nach dem Gebrauch durch Mikroorganismen wieder in ihre natürlichen Bestandteile zerlegt.

Produkt (S. 40, 41, 46, 51, 59)
Ein Produkt ist das Ergebnis menschlicher Arbeit. Es kann in unterschiedlicher Form vorliegen: Zum Beispiel als Gegenstand – Seilbahngondel, als Dienstleistung – Autoreparatur, als Energieform – elektrische Energie.

Prüfen (S. 47, 51)
Beim Prüfen ermitteln wir, ob ein Werkstück den Anforderungen entspricht. Wir vergleichen einen Ist-Zustand mit einem Soll-Zustand. Das Prüfergebnis kann mit Worten wie „es funktioniert, es funktioniert nicht, es ist gut, es ist nicht gut" dargestellt werden. Zum Prüfen werden Prüfmittel eingesetzt, z.B. der Schreinerwinkel.

Pyramide (S. 78)
Eine Pyramide ist ein Bauwerk, meist mit quadratischer Grundfläche. In der Mathematik ist die Pyramide eine geometrische Grundform.

Quellen (S. 37)
Quellen ist eine natürliche Reaktion des Holzes auf Feuchtigkeit. Das Holz nimmt die Umgebungsfeuchtigkeit auf. Diesen Vorgang nennt man Quellen, weil sich die Holzfasern mit Wasser vollsaugen, also größer werden.

Riemenscheibe (S. 85)
Mithilfe von Riemenscheiben und Riemen werden Drehbewegungen von einer Welle auf eine andere übertragen. Es gibt Flach- und Keilriemenscheiben.

Ritzel (S. 86)
Das Ritzel ist beim Kettengetriebe des Fahrrads das kleinere Rad, das am Hinterrad ist.

Schwinden (S. 37)
Wenn Holz aufgrund niedriger Luftfeuchtigkeit (Wärme, Wind) Flüssigkeit abgibt, werden die Holzfasern kleiner, sie schwinden.

Sender (S. 100)
Ein Sender ist jeder, der eine Nachricht an einen Empfänger sendet. Ein Sender kann eine Person oder eine technische Anlage sein.

Sicherheitskennzeichen (S. 9)
Sicherheitskennzeichen dienen der Unfallverhütung und dem Gesundheitsschutz am Arbeitsplatz. Sie befinden sich an ausgewählten Stellen in Arbeitsräumen und weisen auf Besonderheiten oder eventuelle Gefahren hin.

Signal (S. 98, 99)
Ein Signal ist ein Zeichen mit einer bestimmten Bedeutung. Die Bedeutung des Signals kann durch Verabredung oder durch Vorschrift festgelegt werden.

Software (S. 110)
Oberbegriff für alle Programme und Dateien auf einem Computersystem. Die Speicherung kann sowohl auf externen Speichermedien (CD, Festplatte) wie auch in internen Speicherbausteinen (RAMs, ROMs) erfolgen.

Spatel (S. 50)
Ein Spatel ist ein kleines, schmales und flaches Werkzeug, um kleine Mengen, z.B. Pulver, zu entnehmen und zu mischen. Er wird oft in chemischen oder medizinischen Labors benutzt.

Sperrholz (S. 12)
Sperrholz ist ein Holzwerkstoff aus natürlichen Hölzern. Mehrere Holzlagen werden miteinander zu Platten verleimt. Damit die Platten sich

nicht verziehen, liegen die Holzfasern der einzelnen Schichten im Winkel von 90° zueinander.

Ständerbohrmaschine (S. 19)
Eine Ständerbohrmaschine ist im Gegensatz zur Handbohrmaschine eine fest installierte Bohrmaschine mit einem Bohrtisch, auf dem das Werkstück befestigt wird.

Steuerelement (S. 81)
Steuerelemente sind zum Beispiel Hebel, Schalter, Sensoren. Mit ihnen wird der Stoff-, Energie- und Informationsfluss an der Maschine so eingestellt, dass sie ihre Aufgabe erfüllt.

Stirnrad (S. 87)
Das Stirnrad ist ein Zahnrad mit einem zylindrischen Grundkörper. Die Zähne sind an der Mantelfläche, der Stirnseite, angebracht. Ein Stirnradgetriebe besteht aus mindestens zwei Stirnrädern. Ihre Wellen verlaufen parallel.

Technisches System (S. 78)
Ein technisches System ist ein vom Menschen erdachter und geschaffener Gegenstand, der eine bestimmte Aufgabe zu erfüllen hat.

Teflon (S. 57)
Teflon ist der Handelsname für einen Kunststoff, der zu den Thermoplasten gehört. Teflon wird zur Beschichtung von Pfannen und Töpfen eingesetzt. Er bewirkt, dass die Speisen beim Braten und Kochen nicht haften bleiben.

Trägerelemente (S. 81)
Trägerelemente halten die Bauteile einer Maschine in ihrer Lage, lagern und führen sie. Zu den Trägerelementen gehören z. B. Säulen, Gestelle, Rahmen, Gehäuse. Trägerelemente nehmen Kräfte und Stöße auf.

Transportmittel (S. 38)
Mit Transportmitteln werden Güter oder Personen von einem Ort zum anderen transportiert. Transportmittel sind z. B. Autos, Bahnen, Flugzeuge, Rolltreppen, Fahrräder.

TÜV-Plakette (S. 24)
TÜV ist die Abkürzung für Technischer Überwachungs-Verein. Dieser Verein überprüft, ob unsere Kraftfahrzeuge technisch in Ordnung sind. Wenn das der Fall ist, erhält der Besitzer eine Plakette, die auf das Nummernschild geklebt wird.

Übersetzungsverhältnis (S. 86)
Das Übersetzungsverhältnis eines Getriebes gibt das Verhältnis der Drehzahl des treibenden Rades zum getriebenen Rad an, z. B.: 1:2 oder 2:1.

Übertragungselement (S. 81, 84, 87, 88)
Mit den Übertragungselementen wird mechanische Energie weitergeleitet. Die Bewegungen werden an die Erfordernisse des Arbeitsvorgangs angepasst. Die Übertragung erfolgt über Wellen, Gelenke und Getriebe.

Verbrennungsmotor (S. 82, 83, 89)
In einem Verbrennungsmotor wird durch das Verbrennen von Benzin oder Gas mechanische Energie gewonnen. Die mechanische Energie benötigt man z. B. bei den Autos zum Antrieb der Räder.

Versuch (S. 66, 74)
Ein Versuch ist in Wissenschaft und Technik eine Untersuchungsanordnung. Der wissenschaftliche Versuch dient zur Gewinnung neuer Erkenntnisse oder zur Bestätigung bekannter Erkenntnisse.

Vollholz (S. 36)
Vollholz sind Latten, Bretter oder Balken, die in einem Stück aus einem Baumstamm geschnitten wurden.

Volumen (S. 58)
Das Volumen ist der Rauminhalt eines Körpers. Das Volumen geometrisch einfacher Körper wie Würfel oder Quader ist das Produkt aus Länge, Breite und Höhe.

Wärmeschiene (S. 58, 61, 63)
Manche Schulen haben im Technikraum eine Wärmeschiene zum Erwärmen von Kunststoff. Die Wärmeschiene wird elektrisch beheizt.

Welle (S. 86, 88)
Eine Welle ist ein Bauelement im Maschinenbau. Sie überträgt mechanische Energie in Form

von Drehbewegungen und trägt andere Bauelemente wie Zahnräder.

Werkstoff (S. 41, 56, 71, 75)
Ein Werkstoff ist ein Stoff, der uns zur weiteren Bearbeitung bei der Herstellung eines Produktes zur Verfügung steht.

Werkstoffeigenschaften (S. 20, 56, S. 75)
Werkstoffe haben unterschiedliche Eigenschaften. Dazu gehören die Härte, die Dichte, die elektrische Leitfähigkeit, die Beständigkeit gegenüber Feuchtigkeit und die Verformbarkeit. Eine Rolle spielen auch ökologische Eigenschaften wie Energieverbrauch bei der Herstellung und Recyclingfähigkeit zu beachten. Unterschiedliche Werkstoffe haben auch unterschiedliche Werkstoffeigenschaften. Bei der Auswahl von Werkstoffen zur Herstellung eines Produktes spielen die Werkstoffeigenschaften eine große Rolle.

Werkstück (S. 14, 15, 19)
Als Werkstück wird ein einzelnes Teil aus festem Material bezeichnet, das zu einer bestimmten Form bearbeitet wird. Der Begriff Werkstück findet besonders im Handwerk und in der Industrie Verwendung.

Werkzeug (S. 6–9)
Ein Werkzeug ist ein Hilfsmittel, mit dem auf Werkstücke oder Materialien mechanisch eingewirkt wird. Es gibt Handwerkzeuge (z. B. Hämmer, Feilen, Schraubendreher), Formwerkzeug (z. B. Guss- oder Pressformen), Bearbeitungswerkzeuge (z. B. Bohrer) und Softwarewerkzeuge (z. B. Versionsverwaltung).

Ziehklinge (S. 60)
Eine Ziehklinge ist ein Werkzeug zur Bearbeitung von Holz, Kunststoff und weichem Metall. Sie arbeitet ähnlich wie ein Hobel und wird zum Glätten von Oberflächen eingesetzt. Die Ziehklinge besteht aus einem flachen Stück Stahl mit einer scharfen Kante.

Zwischenrad (S. 87)
Ein Zwischenrad wird in einem Getriebe zwischen zwei Getrieberäder geschaltet. Auf diese Weise kann die Drehrichtung verändert werden.

Stichworte

Bildquellenverzeichnis

6 und 7.1: Lenk, Michael; 7.2: Künzel, Matthias; 8.1: Künzel, Matthias; 8.2: Traue, Heidi; 9: Lenk, Michael; 13: Traue, Heidi; 15.1-6: Traue, Heidi; 16.1: MEV-Verlag, Augsburg; 16.2-4: Mitterwallner, Elisabeth; 17.1-3: Lenk, Michael; 18: Traue, Heidi; 19.1-2: Lenk, Michael; 20.1: Traue, Heidi; 20.2-4: Traue, Heidi; 21.1-2: Lenk, Michael; 21.3-5: Traue, Heidi; 23: Fotolia.com; 26.1: Lenk, Michael; 26.2: Traue, Heidi; 27.1-4: Traue, Heidi; 28.1: mauritius images (Age); 28.2: Blume, Bernd; 28.3: Roth/picbyte; 28.4: Lenk, Michael; 29.1: imago; 29.2: Argum (Christian Lehsten); 29.3: Das Fotoarchiv (Andreas Buck); 30.1-2: Lenk, Michael; 30.3: Traue, Heidi; 30.4: Lenk, Michael; 31.1: Roth/picbyte; 31.2: Visum; 31.3: Lenk, Michael; 35: mauritius images (Eberle); 37: Lenk, Michael; 38.1: Fotolia.com; 38.2: iStockphoto.com (Michael Chen); 38.3: Fotolia.com; 38.4: interTopics; 39.1+2: PELIPAL Gmbh, Weißenfels (mit freundlicher Genehmigung); 40-56: Czech, Olaf; 57.1-3: Fotolia.com; 57.4: iStockphoto (Brett Charlton); 58.1: Künzel, Matthias; 60: CREARTEC Lindenberg/Allgäu; 60.2-63.2: Czech, Olaf; 64: Fotolia.com; 65.1: action press; 65.2: Fotolia.com; 69.1: Imago (Jahnk); 69.2: Imago (HR Schulz); 69.3: Bilderbox; 69.4: Images.de (Detlev Schille); 69.5: Lenk, Michael; 70.A: iStockphoto.com (David Stockman); 70.B-D: Fotolia.com; 70.F: www.praezisionsmesstechnik.de; 71.G: Mitterwallner, Elisabeth; 71.H: Fotolia.com; 71.I: iStockphoto.com (Michael Cavén); 71.J: iStockphoto.com (Andrzej Tokarski); 71.K-O: Fotolia.com; 72.Q: Fotolia.com (Sascha Willsrecht); 72.S: Fotolia.com (Birgit Reitz-Hofmann); 75.1+2: Lenk, Michael; 76.1-4: Traue, Heidi; 76.5: Traue, Heidi/Künzel, Matthias; 76.6: Traue, Heidi; 78.1: Filser, Dr. Karl, Augsburg; 78.2+3: Lob & Partner, Kleindingharting; 79.1: Fotolia.com; 79.2: mauritius images (Blume); 80.1: iStockphoto.com (Alexandr Ivanov); 81: Czech, Olaf; 82.1-3: Deutsches Museum; 82.4: akg-images; 82.5: Siemens; 82.6: Deutsches Museum; 84: Deutsches Museum; 85.1: Bildung für Technik und Natur, Wilhelmshaven/Fa. LPE Technische Medien GmbH, Eberbach; 85.2: Tobias Stahl (http://falllineproductions.blogspot.com); 87: Schmidt-Thomé, Johannes; 88.1: Hinz, Peter; 88.2: Caro/Westermann; 89.1: Westfalia Werkzeuge GmbH; 89.2+4: Czech, Olaf; 90.1-12: Caro/Westermann; 93.1: KNG Rostock; 93.2/94.2: Fotolia.com; 96.1: Vattenfall Europe AG; 96.2: ullstein bild (Hiss); 97.1-4: Fotolia.com; 98.1: mauritius images; 98.2: picture-alliance /dpa; 98.3: Fotolia.com; 98.4: Visum (Rolf Nobel); 100: Traue, Heidi; 102: Ursula Blaettler, www.rgbsammelstelle.ch/info-screen/ursulablaettler/doku01.html, 2008; 103: Traue, Heidi; 105.1-8: Fotolia.com; 107: Schubert, Arndt/ Microsoft Corporation; 109.1: Fotolia.com; 109.2: Roth/picbyte; 109.3: Bildagentur online/Falkenstein; 109.4: Roth/picbyte; 109.6: Fotolia.com; 110.1+2: Fotolia.com; 111-120: Schubert, Arndt/ Microsoft Corporation.

Umschlagfotos: v.l.: panthermedia; v.r.: Shutterstock.com/Pressmaster; h.l.: Shutterstock.com/Pressmaster; h.r.: Adobe Stock/Martin Peitz

Erarbeitet unter Einbeziehung des Lehrwerks „Technik/Computer" von Michael Lenk und Arndt Schubert.

Als Begleitmaterial sind erhältlich:
Lehrermaterialien 978-3-637-01043-7

José Ortega y Gasset (1883–1955), spanischer Dichter und Philosoph. Das Zitat auf der Umschlagsseite stammt aus seinem Werk „Betrachtungen über die Technik" von 1949.

Umschlagkonzept: Mendell & Oberer, München
Umschlag: 2005 Werbung, München
Lektorat: Elisabeth Dorner, Berlin
Bildbeschaffung: Helene Schopohl
Herstellung: Doris Haßiepen
Illustrationen: Klaus Puth, Mühlheim; Detlef Seidensticker, München; Ingrid Schobel, München; Axel Weiß, Obernbreit
Satz: design.83, Lauingen
Reproduktion: Repro Ludwig, Zell am See

www.cornelsen.de

Die Webseiten Dritter, deren Internetadressen in diesem Lehrwerk angegeben sind, wurden vor Drucklegung sorgfältig geprüft. Der Verlag übernimmt keine Gewähr für die Aktualität und den Inhalt dieser Seiten oder solcher, die mit ihnen verlinkt sind.

1. Auflage, 5. Druck 2021

Alle Drucke dieser Auflage sind inhaltlich unverändert und können im Unterricht nebeneinander verwendet werden.

Druck: Mohn Media Mohndruck, Gütersloh

ISBN 978-3-637-01042-0

PEFC zertifiziert
Dieses Produkt stammt aus nachhaltig bewirtschafteten Wäldern und kontrollierten Quellen.
www.pefc.de
PEFC/04-31-1033